0시의 인류학 탐험

O씨의 인류학 탐험

 이경덕 지음

유령클럽과 14번의 장례 체험

지식
+
소설
01

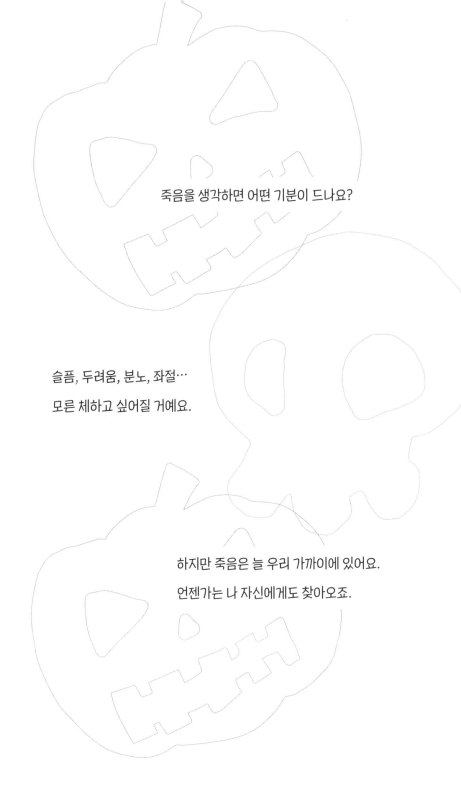

죽음을 생각하면 어떤 기분이 드나요?

슬픔, 두려움, 분노, 좌절…
모른 체하고 싶어질 거예요.

하지만 죽음은 늘 우리 가까이에 있어요.
언젠가는 나 자신에게도 찾아오죠.

그렇기에 우리는 죽음을 공부해야 해요.
바로 삶의 소중함을 알기 위해서요.

그렇다고 우울할 필요는 없어요.
편안하게 죽음을 이야기해 보아요.

그럼 이야기 속으로 들어가 볼까요?

유령클럽으로 초대합니다

난서는 낮에 있었던 일 때문에 잠이 오지 않았다. 침대에 누워 몸을 뒤척이다가 스마트폰으로 시간을 확인했다. 밤 11시 55분이었다. 침대 옆 탁자에 스마트폰을 내려놓는데, 알림음과 함께 화면이 밝아졌다.

"뭐지?"

화면에는 자정을 가리키는 숫자 '00:00' 아래로 알림이 떠 있었다. 발신번호 표시제한으로 온 메시지였다. 난서는 고개를 갸웃하며 메시지를 확인했다. 그리고 무언가에 홀린 듯 한참 동안 화면을 바라보았다.

"당신을 유령클럽으로 초대합니다."

유령클럽? 대체 뭐 하는 곳이지? 메시지 아래로 링크가 붙어 있었다. 얼마 전 담임선생님이 모르는 번호로 온 링크는 절대 누르지 말라고 한 말이 기억났다. 어쩌면 피싱 범죄일지 몰랐다. 난서는 얼른 화면을 껐다. 억지로 잠을 자보려 했으나 눈이 더 말똥말똥해졌다. 유령클럽의 정체가 궁금해서 도저히 잠을 이룰 수 없었다.

난서는 다시 스마트폰을 집어 들었다. 잠깐 망설였지만 결국 링크를 눌렀다. 그 순간 몸이 부웅 뜨는 느낌이 들었다.

정신을 차리자 어느새 낯선 곳이었다. 넓고 밝은 방에 따뜻한 공기가 감돌았고, 수십 명의 사람이 저마다 편안한 자세로 앉아 있었다.

난서는 어리둥절한 표정으로 주변을 둘러보았다. 그때 어디서 나타났는지 갈색빛 피부에 키가 큰 여자가 말을 걸어왔다.

"네가 난서지? 반가워. 여기는 유령클럽이야. 정확하게 말하면 '뼈를 찾는 유령들의 모임'이지. 난 윌마라고 해. 유령이 된 지 얼마 되지 않아서 유령 어르신들을 돌보는 일을 하고 있어."

"네? 유령이라고요?"

난서는 깜짝 놀라 입이 떡 벌어졌다. 여기저기서 쿡쿡거리는 웃음소리가 들려왔다. 도대체 이게 무슨 상황이지? 꿈을 꾸고 있는 걸까? 아니면 이상한 나라의 앨리스처럼 다른 세계에 온 걸까?

"궁금한 게 많을 거야. 먼저 우리를 소개할게."

윌마는 유령클럽에 모인 사람들은 모두 유령이며 가장 나이가 많은 유령은 죽은 지 10만 년이 넘었다고 부드러운 목소리로 설명했다. 그리고 난서를 이곳에 초대한 이유는 특별한 부탁이 있기 때문이라고 했다.

"정말 유령들이라고요? 다들 살아 있는 사람처럼 보이는데…."

난서가 말을 더듬자 다시 유쾌한 웃음소리가 들려왔다. 윌마는 난서의 어깨에 다정하게 손을 올렸다.

"우린 죽은 사람이고, 몸이 없는 유령이 맞아. 네 눈에 보이는 우리 모습은 죽기 전 모습이야."

"그럼 왜 저를 초대한 거예요?"

"다들 예전에 살던 곳에 가보고 싶어 하는데, 우리끼리는 갈 수 없거든. 그래서 널 부른 거야."

유령은 하늘이나 물속 어디든 자유롭게 갈 수 있으나 반드시 안내자가 함께해야 한다는 것이었다.

"요즘은 대부분 유령의 존재를 믿지 않아서 안내자를 구하기 힘들어."

윌마는 이게 다 과학 기술이 발전했기 때문이라며 푸념했다. 그러니까 유령은 유령의 존재를 진심으로 믿는 사람 앞에만 나타날 수 있다는 얘기였다.

"과거에는 영혼이 있다고 믿는 사람이 많았어. 유령들은 언제든 어디든 갈 수 있었지. 그런데 이제는…."

난서는 그제야 왜 자기가 유령클럽의 초대를 받았는지 깨달 았다. 오늘 학교에서 친구들과 말다툼을 했다. 얼마 전 돌아가 신 할머니를 다시 말날 거라고 하자 친구들이 죽은 사람을 어떻 게 만나냐고 비아냥거렸기 때문이다.

난서도 죽은 사람을 다시 보지 못한다는 것쯤은 알았다. 하지 만 마음속에서는 할머니가 어딘가에 살아 있을 것이고, 언젠가 만날 날이 올 거라고 믿었다. 결국 난서는 혼자서 간직하던 진 심을 꺼내 놓고야 말았다.

"며칠 전 꿈에서 할머니를 만났어. 할머니는 분명 다른 세상 에서 살아 계실 거라고."

아마도 유령클럽에서 이 말을 들은 모양이었다. 난서는 심호 흡하며 마음을 가라앉혔다. 놀라긴 했지만 실제로 유령이 있다 는 건 반가운 일이었다. 이곳 유령들은 남자와 여자가 섞여 있 었고, 피부색과 나이도 다양했다. 그 가운데에는 머리가 하얗게 샌 노인은 물론이고 어린아이도 있었다.

"저는 한난서라고 해요. 잘 부탁드릴게요!"

난서는 허리를 꾸벅 숙여 인사했다. 한편으로는 유령들에게 무엇을 부탁할 수 있을지 모르겠다고 생각했지만 말이다.

"난서라니, 특이한 이름이네."

누군가 들릴 듯 말 듯 중얼거렸다.

"난서는 우리 할머니의 할머니 이름이었대요. 가족을 기억하자는 의미에서 할머니가 지어 주셨어요."

유령들이 큰 박수로 난서를 환영했다. 몸이 없다면서 박수 소리는 또렷하게 들렸다.

유령들은 난서에게 자신의 뼈를 찾는 걸 도와 달라고 부탁했다. 뼈가 조각이든 가루든 상관없다고 했다. 뼈를 찾으면 잃어버린 과거의 기억을 되찾을 수 있다는 것이었다. 뼈를 어떻게 찾는다는 걸까? 난서가 난처한 표정을 짓자 누군가 장난기 섞인 말투로 말했다.

"우리가 장례를 치른 곳으로 가면 뼈를 찾을 수 있어. 여기 이 어르신 뼈를 찾으려면 박물관으로 가야겠지만 말이야."

웃음소리가 터져 나왔다. 유령들 사이에서 통하는 농담인 듯했다. 난서는 어느새 긴장이 풀렸다.

"제가 여러분 고향에 함께 가는 건가요? 거기까지는 어떻게 가나요?"

이번에는 월마가 나섰다. 월마는 뼈의 주인인 유령과 함께라면 어디든 자유롭게 갈 수 있다고 했다. 그리고 유령 세계에서 하루는 현실 세계에서 1분이기 때문에 일주일을 여행해도 잠에서 깨면 7분밖에 지나지 않을 테니 걱정하지 않아도 된다고 난서를 안심시켰다.

"그럼 뼈는 어떻게 찾죠?"

"간단해. 뼈는 기억과 이어져 있거든."

뼈는 기억의 실을 따라가면 쉽게 찾을 수 있다고 했다. 다행히 뼈는 단단해서 수백만 년이 흘러도 보존되었다. 인류가 처음 생긴 지 700만 년이 지났다는 사실을 알 수 있는 것도, 먼 옛날 인간의 뼈인 화석이 남아 있기 때문이다.

유령들은 순서를 정해 매일 밤 난서와 뼈를 찾으러 고향에 가기로 했다. 난서는 유령들과 함께 여행할 생각에 마음이 두근거렸다. 그 순간 잠에서 깼다.

혹시 꿈은 아닐까? 난서는 불안한 마음으로 스마트폰을 집어 들었다. 유령클럽의 초대장은 그대로 있었다. 안도의 한숨을 내쉬며 스마트폰을 품에 꼭 껴안았다. 어쩌면 언젠가 할머니를 만날 수 있겠다는 희망이 솟았다.

> 👻 **유령클럽 일러두기**
>
> ○ 초대받지 않은 사람 출입 불가
> ○ 유령을 믿지 않는 사람 출입 불가
> ○ 밤 12시부터 입장 가능
> ○ 유령 세계의 하루는 현실에서 1분
> ○ 지도를 확인하면 시공간 상관없이 순간 이동 가능

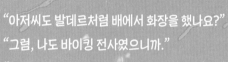

"아저씨도 발데르처럼 배에서 화장을 했나요?"
"그럼, 나도 바이킹 전사였으니까."
"그래서 뼈가 바닷속에 가라앉아 있는 거네요."

스노리는 자기 뼈가 잠겨 있을 바다를
오랫동안 바라보았다.

"오늘은 유령들이 자유롭게 돌아다닐 수 있는
유일한 날이니까 즐겨야지.
해가 뜨기 전에 모두 돌아올 거야."

"우리는 죽음을 심각하게 생각하지 않아.
오히려 축제처럼 즐겨."
"죽음이 기쁜 일은 아니잖아요?"
"맞아. 기쁜 일은 아니지.
그렇지만 슬픈 일도 아니지."

프롤로그 유령클럽으로 초대합니다 6

1부  유령들의 뼈를 찾아서

1   20
독수리에게 살과 뼈 먹이기
티베트의 천장

2   30
산 사람을 함께 묻는다고?
이라크와 인도의 순장

3   40
바이킹은 죽어서도 바다로
노르웨이의 화장

4   49
바람과 시간에 맡기다
한국과 파키스탄의 풍장

5   59
절벽에 관 걸렸네
중국과 필리핀의 현관장

6   68
시신을 깊은 바닷속으로
파나마의 수장

난서의 발표 오늘날의 이색 장례 75

2부 산 자가 죽음을 기리는 방법

7   88

영혼들이 이승으로 돌아오는 밤
서양의 할로윈 축제

8   94

해골들과의 신나는 퍼레이드
멕시코의 죽은 자의 날

9   100

죽어서도 썩지 않도록
이집트의 미라

10   107

장례식까지 24시간 카운트다운
이슬람의 장례 문화

11   115

무덤에서 꺼낸 뼈들과
한바탕 축제
마다가스카르의 파마디하나

12   122

매일 찾아가는 도시의 무덤가
일본의 납골당

13   130

죽은 사람이 살아가는 집
제주도의 산담

14   138

개성 넘치는 셀프 관 꾸미기
가나의 팬시 관

난서의 발표 죽음에 대처하는 인류의 자세   145

작가의 말 죽음을 잊지 마세요   152

1부

*

유령들의
뼈를 찾아서

1

독수리에게
살과 뼈 먹이기

티베트의 천장

GO!

난서는 졸린 눈을 비비며 스마트폰 화면을 집중해 보았다. 유령클럽(뼈를 찾는 유령들의 모임)에 들어갈 수 있는 밤 12시가 되기를 기다리고 있었다. 화면에 숫자가 '00:00'으로 바뀌자 망설임 없이 링크를 터치했다. 눈 깜짝할 사이에 눈앞의 풍경이 바뀌었다.

유령클럽은 여전했다. 살아 있는 사람과 다르지 않은 모습의 유령들이 어제보다 더 친근하게 난서를 반겼다. 유령들은 난서를 향해 말을 걸어왔다. 눈을 찡긋하거나 짓궂은 장난을 걸기도 했다.

"기분이 어때? 여행할 준비는 됐어?"

유령클럽을 소개해 주었던 윌마가 다가와 유쾌한 목소리로 물었다. 난서는 눈을 반짝이며 고개를 두 번 끄덕였다.

"이쪽으로 와. 오늘 너와 함께할 유령 여행자를 소개할게. 바로 이분이야."

"반가워. 내 이름은 밀라레파야. 티베트 사람이고(지금은 유령이지만) 지금으로부터 1000년 전쯤에 살았지. 난 승려였어. 불교를 연구하는 학자이기도 했고. 오늘 너와 티베트에 있는 궁탕이라는 지역에 갈 거야."

난서는 재빨리 스마트폰으로 티베트가 어떤 나라인지 찾아보았다.

> 티베트는 중국 서남쪽에 위치한 티베트고원에 있는 나라다. 히말라야산맥의 북쪽, 곤륜산맥의 남쪽에 자리하고 있어 매우 높고 건조한 지역이다. 티베트는 한국보다 10배 이상 크지만 인구는 더 적으며, 대부분 티베트 불교라는 종교를 믿는다. 오랜 역사를 지니며 한때 중국을 위협할 정도로 강한 나라였으나 지금은 중국의 지배를 받고 있다.

다음으로 궁탕을 검색했다. 궁탕의 지도가 화면에 떴다. 그 모습을 지켜보던 윌마가 난서의 어깨에 손을 올렸다.

"이제 유령 여행자와 손을 잡고 눈을 감으면 지도에 나온 곳으로 가게 될 거야."

난서는 밀라레파의 손을 잡았다. 유령의 손인데 따뜻했다. 눈을 감자 순간적으로 현기증이 찾아왔다가 사라졌다.

눈을 뜨니 낯선 곳이었다. 아마도 궁탕이라는 티베트의 작은 국경도시 같았다.

"많이 변했구나."

밀라레파는 주변을 두리번거리며 중얼거렸다. 난서는 밀라레파와 맞잡은 손을 가볍게 흔들었다.

"뼈를 찾으러 가야죠. 아름다운 옛 기억도 되찾고요."

"그래, 뼈를 찾으려면 장례를 치르는 곳으로 가야겠지…. 어쩌면 찾을 수 없을지도 몰라."

난서가 무슨 뜻인지 모르겠다는 얼굴로 밀라레파를 보았으나 그는 말이 없었다. 이들은 곧 언덕 위 넓은 들판으로 향했다. 티베트의 전통 장례가 막 시작되려는 참이었다.

밀라레파와 난서는 한쪽 구석에 자리를 잡았다. 다른 사람들의 눈에는 이들이 보이지 않을 터였다. 밀라레파는 자상한 표정으로 난서에게 말했다.

"보기 힘들 수도 있어."

티베트의 장례는 천장사라고 부르는 승려가 진행한다고 했다. 천장사가 나서자 독수리 떼가 몰려들었다. 독수리들은 조각낸 시신을 먹기 시작했다.

난서는 눈앞에서 펼쳐지는 참혹한 모습을 똑바로 보기 힘들었다. 속이 메스꺼워 몇 번이고 토할 뻔하기도 했다. 밀라레파가 그런 난서의 어깨를 감싸안았다. 난서는 용기를 짜내 도망가지 않고 자리를 지켰다.

　장례가 끝나자 기운이 다 빠진 난서는 자리에 털썩 주저앉고 말았다. '천장'이라고 부르는 티베트의 장례는 다음과 같은 절차로 이루어졌다.

1. 시신의 허리를 접어 머리를 두 무릎 사이에 끼워 넣고, 하얀 천으로 감싼다. 죽은 사람을 갓 태어난 아기처럼 웅크린 자세로 만들기 위해서다. 사람이 죽으면 윤회해서 다시 태어난다고 믿기 때문이다.

2. 소식을 들은 승려가 찾아와 죽은 사람이 좋은 곳으로 가기를 기원하며 불경을 읽는다. 이 의례를 '포와'라고 부른다. 포와가 끝나면 시신을 가까운 사원으로 옮긴다. 그리고 날을 정해 천장을 진행하는 장소(대체로 언덕)로 시신을 운반한다. 시신을 나를 때는 관 같은 운구 도구를 쓰지 않는다.

3. 장례를 치르기에 앞서 장례를 진행하는 천장사는 유족에게 시신의 머리카락과 손톱을 잘라 건네 준다. 남겨진 가족은 이후 머리카락과 손톱으로 49재를 지낸다. 그러고 나서 불을 피우고 사람의 뼈로 만든 피리를 불어 티베트에서 '신의 새'라고 일컫는 독수리를 부른다.

4. 천장사가 시신을 몇 개의 덩어리로 나누어 독수리에게 준다.

대체로 머리, 몸통, 팔다리 순서다. 남은 뼈는 잘게 부순 다음 보리 가루와 섞어 뭉쳐서 다시 독수리에게 내어 준다.

5. 독수리가 살과 뼈를 모두 먹어야 죽은 사람의 영혼이 하늘로 올라갈 수 있다고 믿는다. 그래서 유족은 독수리가 시신을 남김없이 먹기를 간절히 바란다. 시신이 모두 사라지면 공식적으로 장례는 끝난다.

천장을 경험한 난서는 궁금한 것이 많았다. 무엇보다 왜 죽은 사람의 몸을 독수리에게 먹이는지 도무지 이해할 수 없었다. 난서는 밀라레파의 뼈를 찾는 일은 까맣게 잊고 쉴 틈 없이 질문을 쏟아 냈다.

"왜 독수리에게 시신을 먹게 하나요? 잔인하다고 생각하지 않으세요? 사람이 죽으면 정말 다시 태어난다고 믿나요?"

밀라레파는 미소 지으며 두 손을 들고 난서를 말리는 시늉을 했다. 난서는 자기가 흥분했다는 걸 깨닫고 깊이 숨을 들이마셨다. 살아 있을 때 승려이자 학자였던 밀라레파는 차분하게 티베트 장례의 이해하기 힘든 모습에 관해 조곤조곤 설명해 주었다.

"너도 주변을 봐서 알 거야. 티베트는 매우 높은 곳에 자리하고 있어. 나무도 잘 자라지 않는 매우 건조한 지역이지."

밀라레파는 티베트에서 천장이라는 독특한 방식으로 장례를 지내는 첫 번째 이유로 지리적 환경을 꼽았다. 건조한 기후 때문에 사람을 땅에 묻으면 중국의 강시나 이집트의 미라처럼 시체가 썩지 않고 그대로 남는다는 것이었다.

> 티베트에서 다른 지역과 달리 죽은 사람을 매장하지 않는 것은 땅에 묻으면 영원히 다시 태어날 수 없다고 믿기 때문이다. 그렇기에 유족은 49일 동안 사원 근처에 머물면서 사원에 머리카락과 손톱을 놓고 죽은 사람의 영혼을 위해 기도를 올린다. 49일 동안 제사를 지내면 죽은 사람이 극락으로 가거나 좋은 인연으로 다시 태어난다고 믿는다. 반면에 흉악한 범죄를 저지른 사람은 죽은 후 땅에 묻는 것이 관례다.

"장례는 누군가의 죽음을 알리고, 죽은 사람이 세상에서 자연스럽게 사라지게 하려는 것이거든. 그런데 죽은 사람의 몸이 썩지 않고 아무 데나 굴러다니면 무섭지 않겠어?"

밀라레파의 말에 난서는 며칠 전에 본 좀비 영화가 떠올랐다. 시체가 어기적거리며 세상에 돌아다닌다니, 상상만으로도 끔찍했다.

"그럼 범죄자는 왜 땅에 묻나요?"

밀라레파는 불교 학자답게 윤회 사상에 대해 알려 주었다. 윤회는 간단하게 말하면 삶과 죽음을 반복하는 일이라고 했다. 다시 말해 죽은 사람이 다시 태어나는 일을 되풀이하는 것이나.

"보통 사람들은 오래 살기를 원하고, 죽고 나서는 다시 태어나고 싶어 하거든. 그런데 땅에 묻으면 시체가 썩지 않아서 사라지지 않으니 다시 태어날 수 없어. 영원한 형벌을 받는 거지. 물론 극락에도 갈 수 없어."

"그래서 죽은 사람의 몸을 독수리 먹이로 주는 거예요?"

밀라레파는 고개를 끄덕였다. 그의 말에 따르면 과거 티베트에서는 한적한 곳에 시신을 두고 비와 바람을 맞혀서 자연스레 사라지게 하는 '풍장'이라는 방식으로 장례를 치렀다. 그러다가 풍장보다 빨리 시신이 사라지는 방법으로 찾아낸 것이 독수리를 이용하는 '천장'이었다.

새에게 살과 뼈를 먹인다고 해서 다른 나라에서는 '조장'이라고도 불렀으나 티베트 사람들은 독수리가 사는 하늘에 묻는다고 해서 하늘을 뜻하는 천(天)이라는 글자를 써서 천장이라고 불렀다. 예전에는 독수리가 어디에 사는지 몰랐기에 하늘 어딘가에서 산다고 믿었다는 것이다.

의문이 풀린 난서는 그제야 티베트에 온 이유가 떠올랐다. 밀라레파에게 뼈를 찾으러 가자고 말하려다가 아차 하고 입을 다물었다. 밀라레파는 빙긋 웃으며 고개를 끄덕였다.

"내 몸은 다행히 하늘에 묻혀 있어. 하하. 이제 돌아가자. 난 뼈를 찾기보다는 고향에 와보고 싶었거든."

밀라레파는 수수께끼 같은 말을 남겼다.

유령클럽에서 방으로 돌아온 난서는 궁금증을 풀기 위해 인터넷에 밀라레파를 검색해 보고 깜짝 놀랐다.

밀라레파는 살아서 사랑하는 가족을 끔찍하게 잃고 재산마저 모두 빼앗기자 잔혹한 방법으로 복수했다. 원수를 갚았으나 큰 죄책감이 뒤따랐다. 이후 지은 죄를 깊이 뉘우치고 불교에 입문하면서 최고의 승려가 되었다. 그러나 그를 질투한 승려가 준 독이 든 우유를 마시고 83살에 죽었다고 알려진다.

난서는 밀라레파의 비극적인 생애에 마음이 아팠다. 어릴 때 사랑하는 가족이 죽임을 당하고, 나이가 들어 그 역시 억울하게 죽임을 당했다. 다시 밀라레파를 만나고 싶었으나 그럴 수 없었다. 유령클럽은 하루에 한 번만 입장할 수 있기 때문이다.

밀라레파에게 무슨 말을 할 수 있을까? 난서는 밀라레파를 만나더라도 아무 말도 하지 못하겠다는 생각이 들었다. 유령이 되어 다시 같은 상처를 되새기게 하고 싶지 않았기 때문이다.

난서는 창문을 열고 밤공기를 깊이 들이마셨다. 까만 하늘 위로 밀라레파가 자기 뼈는 하늘에 묻혀 있다고 말하며 미소 짓던 모습이 떠올랐다.

2

산 사람을
함께 묻는다고?

이라크와 인도의 순장

GO!

다음 날 난서는 0시를 알리는 알림이 울리자마자 유령클럽에 들어갔다. 밀라레파를 찾았으나 어디에도 보이지 않았다. 그 모습을 발견한 윌마가 웃으며 다가왔다.

"그분은 떠나셨어. 이승에서도 저승에서도 살 만큼 살았다면서 말이야. 난서 너에게 고맙다는 말을 전해 달라고 하시던데, 어제 무슨 일 있었어?"

난서는 그저 미소를 띠었다. 마음이 놓였기 때문이다. 윌마도 더 캐묻지 않고 오늘 여행을 떠날 유령을 소개했다.

"오늘은 두 분이야. 한 분이 꼭 함께 가겠다고 하셔서. 이쪽은 고대 중동에 살았던 엔키 씨. 젊어 보여도 아주 오래전에 유령이 된 분이야. 유령 나이로 5000살이 넘으셨죠? 그리고 이쪽은 200년 전쯤 유령이 된 인도인 시타 씨."

난서는 엔키라는 젊은 남자와 시타라는 중년 여자에게 머리를 숙여 공손하게 인사했다.

"두 분이면 두 곳을 가야 할까요?"

"난 돌아올 때 스치듯 지나오면 돼요."

시타가 온화한 얼굴로 말했다. 난서와 두 유령은 서로의 손을 잡았다. 그리고 눈을 감고 오늘날의 이라크로 향했다.

이라크는 고대 메소포타미아 지방에 존재했던 수메르 문명의 중심지였을 것으로 추정한다. 그곳에 우루크를 비롯한 여러 도시국가가 있었다. 우루크는 세계에서 기록으로 남아 있는 가장 오래된 신화인 《길가메시 서사시》의 주인공 길가메시가 다스리던 나라였다.

고대 메소포타미아는 세계의 문명이 탄생한 4곳 가운데 하나다. 이곳에 문명이 발달한 가장 큰 이유로 유프라테스강과 티그리스강이 지나는 지역이라는 점을 들 수 있다.

이들은 고대 메소포타미아 지역 남부에 세워진 오래된 도시인 우르에 도착했다. 오늘날 고고학에서는 이곳을 우르 유적지로 부른다. 여기서 지구라트라는 거대한 계단처럼 생긴 신전과 왕족의 무덤이 많이 발견되었다. 무덤에서는 황금으로 만든 투구와 검, 장신구, 보석 등 여러 가지 유물이 나왔다.

"난 군인이었어. 왕을 가까이서 호위하는 병사였지. 그런데 내가 죽음을 맞은 곳은 전쟁터가 아니었어."

엔키는 괴로운 기억이 떠올랐는지 얼굴을 찡그리며 말했다. 시타는 그 마음을 안다는 듯 엔키의 어깨를 가볍게 도닥였다. 난서는 엔키에게 어떻게 죽었는지 조심스럽게 물었다. 그의 마지막 순간을 알아야 뼈를 찾을 수 있을 터였다.

"난 남들처럼 싸우다가 죽거나 병에 걸려 죽지 않았어. 나는 죽은 왕을 따라 죽었어."

난서가 어리둥절한 표정을 짓자 엔키가 덧붙여 설명했다. 아주 오래전에는 권력이 막강한 왕이나 귀족이 죽으면 무덤에 주변 사람들을 함께 묻었다고 한다. 바로 '순장'이라는 장례 풍습이었다.

"살아 있는 사람을 죽여서 죽은 사람과 함께 묻는다고요?"

난서의 물음에 엔키는 고개를 끄덕였다. 엔키의 말에 따르면 순장은 고대에 흔히 행해졌다. 그것도 특정 지역이 아닌 전 세계에서 나타났다. 난서는 스마트폰으로 순장을 검색했다.

순장은 신분이 높은 사람이 죽었을 때 신하나 하녀가, 남편이 죽었을 때 아내가 뒤따라 죽는 풍습을 가리킨다. 특정 지역을 가리지 않고 (한국을 포함해서) 세계적으로 행해졌다. 특히 신분을 뚜렷이 구분한 가부장제 사회에서 자주 이루어졌고, 주로 고대에 행해졌다. 순장은 종교가 발달하고 법으로 금지하면서 차츰 줄어들었고, 오늘날에는 완전히 사라졌다.

엔키는 자기가 어떻게 죽었는지 모른다고 했다. 그 기억을 찾기 위해 엔키의 뼈를 찾아보기로 했다. 엔키는 두 손을 모으고 기억의 실을 찾기 시작했다. 곧 자기 눈에만 보이는 실을 따라 걸음을 옮겼다. 난서와 시타도 그 뒤를 따랐다.

엔키가 멈춘 곳은 거대한 왕의 무덤에서 조금 떨어져 있는 무덤 앞이었다.

"여기에 내 뼈가 있었어. 지금은 다른 곳으로 옮겨졌나 봐."

엔키는 한동안 옛 기억을 돌이키며 주변을 둘러보았다. 무덤들은 이미 발굴되어 말끔하게 정리되어 있었다. 엔키가 묻혀 있었다는 무덤 역시 발굴이 끝난 상태였다.

"멀지 않은 곳에 내 뼈가 있나 본데. 기억의 실이 나를 불러."

엔키는 난서와 시타의 손을 잡고 기억의 실을 따라 걸었다. 도착한 곳은 박물관이었다. 무덤 발굴 현장에서 나온 유물들이 이곳으로 옮겨진 모양이었다.

엔키는 박물관에 전시되어 있는 유물들을 살피다가 한 유물 앞에서 걸음을 멈추었다. 거기에는 이렇게 적혀 있었다.

어느 왕의 무덤(왕릉)에서 보석과 장신구 등 많은 부장품이 나왔다. 무덤 주변에서는 순장된 것으로 보이는 남자 6명과 여자 68명이 발견되었다. 남자들은 무기와 휘장을 두르고 있어 군인으로 보이며 여자들은 하녀로 추정된다.

"이제 또렷이 기억나. 난 저기 6명 가운데 하나였어. 왕이 죽었을 때 우리는 죽어서도 왕을 지키기 위해 스스로 독약을 먹었거든. 하녀들도 왕을 돌보기 위해 죽었지. 그날이 생생하게 떠올라. 그때는 모두가 그랬어."

엔키는 조용조용 말하며 유리 너머에 전시된 유물을 바라보았다. 난서는 여전히 이해가 되지 않았다. 죽은 사람을 돌보기 위해 왜 살아 있는 사람이 죽어야 할까? 박물관 내부를 두리번거리던 난서는 순장을 설명하는 글을 찾아냈다.

과거에는 죽은 다음에도 삶이 이어진다고 믿었기에 순장이 이루어졌다. 한편 왕이 죽은 뒤 신하나 아내를 순장한 것은 과거 왕을 독살하려는 시도가 자주 일어났기 때문이라는 주장도 있다. 왕과 가까운 사람이 왕을 죽이지 못하도록 순장을 행했다는 것이다.

순장하는 사람은 엔키처럼 독약을 먹게 하거나 목을 졸라서 죽인 다음 죽은 사람과 함께 묻었다고 한다. 난서는 젊은 나이에 어쩔 수 없이 왕을 따라 생을 끝내야 했던 엔키가 안쓰러웠다. 난서와 눈을 맞춘 엔키는 그 마음을 알겠다는 듯 한쪽 눈을 찡긋했다.

"과거를 현재의 눈으로 보면 안 돼. 그때와 지금은 많은 것이 다르거든. 자, 이제 인도로 가야지. 시타, 인도 어디로 가요?"

"인도 북쪽에 있는 바라나시라는 도시예요."

난서가 스마트폰으로 바라나시를 검색했다.

인도는 아시아 남쪽에 있는 나라다. 세계에서 인구가 가장 많고 국토 면적은 7번째로 크다. 또한 세계 4대 문명 가운데 하나인 인더스 문명이 생겨난 곳이며 국민 대부분이 소를 숭배하는 힌두교라는 종교를 믿는다.

인도의 바라나시는 세계에서 가장 오래된 도시 가운데 하나다. 힌두교의 최대 성지로 1500개에 이르는 사원이 있는 신성한 도시로 유명하다.

난서와 두 유령은 바라나시에 도착했다. 곧 기억의 실을 찾아낸 시타가 강가로 난서와 엔키를 이끌었다. 그곳에는 유명한 바나라시 화장터가 있었다.

시타는 인도 사람들은 힌두교의 가르침에 따라 대부분 화장을 한다고 했다. 힌두교에서 장례는 죽은 사람의 영혼을 해방하고 윤회를 통해 다음 세상에 태어나게 하는 과정이었다.

"내 기억의 실이 여기로 이어져 있어. 예전에는 이렇게 사람이 많지 않았는데."

"그럼 시타 씨도 화장을 했겠네요?"

난서의 물음에 시타의 얼굴에 짙은 그림자가 드리워졌다.

"나도 엔키 씨와 같아. 죽임을 당했지. 남편이 죽은 뒤에 말이야…."

난서의 눈이 놀라움에 커졌다. 시타도 엔키처럼 순장으로 죽음을 맞았던 것이다. 시타 말에 따르면 인도는 예부터 지금까지 여성의 지위가 매우 낮은 나라였다. 특히 북부 지방은 더욱 그랬다. 여자들의 삶은 남자들에게 좌우되었기에 좋은 남편을 얻기 위해 결혼할 때 '지참금'이라고 하는 돈을 많이 내야 했다. 결혼 지참금 풍습은 지금도 남아 있다고 한다.

난서는 언젠가 책을 읽다가 '불타는 신부'라는 것을 처음 알았다. 지참금을 조금밖에 가져오지 못한 신부를 신랑이 때리거나 심하면 불에 태워 죽였다는 데서 붙여진 말이었다. 21세기에도 이처럼 야만스러운 일이 벌어진다니 놀라울 따름이었다.

"지금은 법으로 금지되었지만, 내가 살았던 200년 전만 해도 남편이 죽으면 아내도 따라 죽어야 했어. 그걸 사티라고 불러."

시타는 한숨을 쉬며 바라나시 화장터 옆으로 흐르는 갠지스강을 한참이나 바라보았다. 난서와 엔키도 흘러가는 강물을 눈으로 좇았다. 강에 몸을 담갔던 사람들이 흠뻑 젖은 모습으로 걸어 나왔다.

"갠지스강에서 몸을 씻으면 죄와 고통이 씻겨 나간다고 생각하기 때문이야. 해탈할 수도 있다고 해. 내 뼛가루도 저 강물 깊숙이 있을 테니 매일 씻는 셈이지. 아마도 다음 생에는 좋은 곳에서 태어날 거야. 자, 그만 돌아가야죠."

시타는 과거의 슬픔과 미래의 희망이 교차하는 듯 묘한 표정을 지어 보이고는 자리에서 일어났다.

이라크와 인도 여행이 끝나고 난서는 자기 방으로 돌아왔다. 시타가 말한 '사티'에 대해 더 알아보고 싶었다. 검색해 보니 남편이 죽으면 아내가 따라 죽는 힌두교의 관습인 사티는 1829년에 법으로 금지되었다. 하지만 그 이후로도 한동안 계속되었다고 한다.

삼국 시대의 역사책인 《삼국사기》에는 순장에 관한 기록이 남아 있다. 고구려 11대 왕 동천왕이 죽었을 때 신하들이 따라 죽으려 했다. 새로운 왕이 된 중천왕이 반대했으나 100여 명이 장례식 날 따라 죽어서 이들을 왕릉 옆에 묻었다. 신라에서도 왕이 죽으면 남자와 여자 5명씩 왕의 무덤에 함께 묻었으나 22대 지증왕이 이를 금지하는 명령을 내렸다.

난서는 순장을 받아들이기 어려웠으나 과거를 현재의 눈으로 판단하지 말라는 엔키의 말을 떠올렸다. 지금의 관점에서 순장을 무조건 폭력적인 풍습으로 평가하는 것은 마땅하지 않을 터였다.

물론 오늘날 누군가 권력이 세다고 해서 순장을 요구한다면 매우 폭력적인 일이 될 것이다. 그건 현대가 권력이 있든 없든 모두의 생명을 소중하게 여기는 시대이기 때문이다. 난서는 오늘날 순장이 사라져서 다행이라고 생각하며 잠을 청했다.

3

바이킹은
죽어서도 바다로

노르웨이의 화장

GO!

"어제 엔키 씨와 시타 씨가 네가 많이 힘들었을 거라며 고맙다고 전해 달라고 했어. 오늘은 기분 전환도 할 겸 멀리 다녀와."

월마는 시간 맞춰 유령클럽에 나타난 난서를 보자마자 기다렸다는 듯이 말했다.

"얼마나 먼 곳으로 가야 하는데요?"

"유럽! 그것도 북쪽에 있는 북유럽. 아주 흥미로울 거야."

월마가 싱긋 웃었다. 그리고 키가 크고 몸이 우락부락하며 얼굴에 수염이 가득한 남자 앞으로 난서를 데려갔다. 남자는 난서보다 몸집이 두 배쯤 커 보였다. 난서가 자기도 모르게 움찔하자 남자가 큼직한 손을 내밀었다. 난서는 어색하게 그의 손을 잡았다

"네가 난서구나. 우리를 위해 나서 준 용감한 아이라고 들었어. 반가워, 난 스노리야. 유령이 된 지는 1100년이 넘었나? 언젠가부터 유령 나이를 세는 걸 잊었거든. 하하."

난서는 험상궂어 보이던 스노리가 조금 귀엽게 느껴졌다.

"나는 바이킹이었어."

"바이킹이라는 나라가 있나요? 놀이기구 이름 아닌가요?"

"크큭. 바이킹은 나라가 아니라 과거 북유럽에 살던 사람들을 가리키는 말이야. 네가 말하는 놀이기구는 우리가 타고 다니던 배 모양을 본따 만든 것이지. 어떤 곳에서는 뷔페를 바이킹이라고 부르던데, 우리가 바다를 누비면서 많이 먹기는 했지."

바이킹은 8세기에서 11세기 말까지 유럽 북쪽에 있는 스칸디나비아반도에 살던 사람들을 말한다. 이들은 남쪽에 있는 영국, 프랑스 등 유럽 나라를 오가며 교역이나 약탈을 했다. 또한 배를 만드는 기술과 항해 기술이 매우 뛰어나서 이를 이용해 몇백 년 동안 유럽을 지배했다. 바이킹의 생각과 이념은 북유럽 신화에 많이 반영되어 있다.

"어디로 가야 할까요? 스칸디나비아반도에는 여러 나라가 있잖아요."

"노르웨이로 가자. 난 아이슬란드 출신이지만 노르웨이에서 죽었거든."

난서는 스마트폰으로 노르웨이를 검색했다.

노르웨이는 스칸디나비아반도에 자리한 나라로 수도는 오슬로 다. 노르웨이의 해안은 매우 구불구불하고 복잡하다. 해안선의 전체 길이는 캐나다의 뒤를 이어 세계 2위로, 노르웨이 사람들 은 바다를 가까이 두고 살아왔다.

지도를 확인한 난서는 스노리와 손을 잡고 눈을 감았다. 눈 을 뜨자 노르웨이의 어느 해변이었다. 한적한 어촌 마을이었다. 스노리는 두 손을 모으고 기억의 실을 찾아 나섰다.

이들은 한동안 해변을 따라 걸었다. 나직한 파도 소리가 끝 없이 들려왔다. 난서는 어디까지 가는지 묻고 싶었으나 잠자코 스노리의 뒤를 쫓았다. 마을 외곽에 이르자 스노리가 걸음을 멈 추고 바다를 향해 말했다.

"여기야. 기억의 실이 이곳으로 이어져 있어."

난서는 바다를 가리키는 스노리의 손끝을 바라보았다.

"설마, 바닷속이요? 혹시 물에 빠져서 돌아가셨나요?"

스노리는 웃으며 그렇지 않다고 말했다. 그의 말에 따르면 바 이킹들은 오늘날과 다른 방식으로 장례를 치렀다. 지금은 교회 에서 장례식이 열리기에 바이킹의 장례 모습은 볼 수 없었다. 스노리와 난서는 과거를 찾기 위해 노르웨이 수도에 있는 오슬 로 국립 박물관으로 갔다.

"저 배를 봐. 우리가 타고 다니던 바이킹 배야."

오세베르그 선박은 노르웨이에서 가장 유명한 바이킹 배로, 1904년 노르웨이 베스트폴에 있는 오세베르그 농장에서 거의 완벽한 형태로 발굴되었다. 길이 약 21.5미터, 너비 약 5.1미터에 이르며 834년 무렵에 만들어진 것으로 보인다. 바이킹 시대의 문화와 기술, 생활 방식을 이해하는 데 중요한 자료로 의미가 있다. 이 배에서 두 여성의 뼈가 발견되었는데, 하나는 오세베르그 여왕의 것으로 추정된다.

"혹시 저 여성이 아저씨는 아니죠?"
"이 수염은 진짜란다."
스노리가 주위가 떠나갈 듯 껄껄 웃었다. 순간 난서는 관람객들을 둘러보았으나 아무도 이쪽에 관심이 없었다. 스노리는 살아 있는 사람에게는 보이지도 들리지도 않는 유령이었다. 물론 스노리와 함께 있는 난서도 이들에게는 유령과 다르지 않았다. 박물관에 있는 누구도 난서와 스노리의 존재를 알아차리지 못했다.
내친김에 난서는 관람객이 들어가지 못하게 쳐놓은 줄을 넘어 배 위로 올라갔다. 나무판자를 겹쳐서 고정하는 방식으로 만든 배는 매우 튼튼했다. 배 앞뒤에는 여러 동물의 문양이 새겨져 있었다.

"이 바이킹 배와 장례가 무슨 관계가 있어요?"

"그건 북유럽 신화에 나오는 청춘의 신 발데르의 장례식에서 알 수 있어."

스노리는 북유럽 신화 이야기를 들려주었다. 발데르는 북유럽의 최고신 오딘의 아들로 아름다운 청춘의 신이었고, 발데르의 죽음은 '라그나뢰크'라는 무서운 비극을 불러왔다고 한다.

라그나뢰크? 발음하기도 어려운 말에 난서는 스마트폰을 꺼내 찾아보았다. 라그나뢰크는 북유럽 신화에 나오는 세계 종말의 날을 의미했다.

발데르는 며칠 동안 자신이 죽는 꿈을 꾸었다. 이를 어머니인 프리그에게 말하자 프리그는 전 세계를 다니며 돌과 쇠, 나무, 물, 사람과 신 등 세상 모든 것으로부터 발데르를 해치지 않겠다는 서약을 받았다. 그 말을 들은 신들은 발데르를 공격했다. 활을 쏘거나 칼로 찔러 보았으나 발데르는 상처 하나 입지 않았다. 그 어떤 것도 발데르를 해하지 못했다. 신들은 불사신이 된 발데르를 축하하기 위해 그에게 바위와 창을 던지기도 했다.

"그런데 발데르가 죽었다고 했잖아요? 누가 죽였나요? 거대한 괴물이었나요?"

"아니, 그건 아주 작고 어린 것이었지."

프리그는 모두에게 서약을 받았으나 단 하나, 기생식물인 겨우살이가 빠졌다. 너무 어려서 서약을 받지 못했던 것이다. 로키라는 장난이 심한 신이 그 사실을 알아내고 겨우살이를 꺾어 왔다. 이 겨우살이를 발데르의 동생이자 앞을 보지 못하는 운명의 신 호드에게 주고 발데르가 불사신이 된 것을 축하해 주라고 꼬드겼다. 호드는 로키가 알려 준 방향으로 힘껏 겨우살이를 던졌고, 겨우살이를 맞은 발데르는 죽고 말았다.

발데르를 되살리기 위해 오딘을 비롯한 신들이 애썼으나 끝내 발데르는 살아나지 못했다. 결국 깊은 슬픔 속에서 발데르의 장례를 치렀다. 그때 바이킹의 전통 장례식이 행해졌다.

스노리가 마치 그 자리에 있었던 것처럼 말했다.

"새벽에 침울한 표정의 신들이 해변에 모였어. 난쟁이와 거인 들도 발데르의 마지막을 보기 위해 찾아왔지. 발데르를 추모하는 행렬이 끊이지 않았어. 얼마 후 마차에 실린 발데르가 도착했어. 수평선 위로 태양이 떠오르자 장례도 시작되었어."

스노리는 배우가 연기하는 듯한 말투로 이야기를 이어 갔다.

"먼저 네가 타고 있는 것과 같은 배를 바다에 띄워야 했지. 그런데 신들이 말뚝에 묶어 둔 배를 아무리 밀어도 움직이지 않았어. 슬픔으로 신들이 힘을 잃었거든."

"그래서 어떻게 했어요?"

"신들은 힘이 센 여자 서리거인에게 배를 옮겨 달라고 부탁했어. 여자 서리거인이 배를 해변에서 바다로 옮겼어. 그런데 그때 엄청난 일이 벌어졌어."

"무슨 일인데요?"

"발데르의 시신을 옮기는 모습을 본 발데르의 아내 난나가 슬픔을 이기지 못하고 심장이 터져 죽고 만 거야. 신들은 발데르 옆에 난나를 눕혔어. 슬픔이 두 배로 커졌지."

장례에 쓰이는 바이킹 배에 시신을 눕히고 그 주변에 장작을 쌓는다. 그리고 죽은 사람이 평소에 쓰던 물건을 부장품으로 싣는다. 마지막으로 사람들이 배에 올라 작별 인사를 한다. 인사를 마치면 장작에 불을 붙이고, 배에 불꽃이 퍼지면 해변의 말뚝에 묶어 두었던 줄을 끊는다. 배는 서서히 파도에 따라 흘러가고 오래지 않아 재가 되어 바닷속으로 사라진다.

마지막으로 배에 오른 발데르의 아버지 오딘은 자기의 황금 팔찌를 발데르에게 끼워 주고 귀에 대고 마지막 인사말을 남겼다.

"아저씨도 발데르처럼 배에서 화장을 했나요?"

"그럼, 나도 바이킹 전사였으니까."

"그래서 뼈가 바닷속에 가라앉아 있는 거네요."

난서와 스노리는 처음 갔던 곳으로 돌아갔다. 스노리는 자기 뼈가 잠겨 있을 바다를 오랫동안 바라보았다.

"이제 가야지. 난 말이야, 이제 발할라로 가고 싶어."

스노리는 뒤돌아 난서를 향해 웃으며 말했다.

유령클럽에서 방으로 돌아온 난서는 스노리의 마지막 말이 귓가에 맴돌아 잠이 오지 않았다. 인터넷에서 스노리가 가고 싶다고 한 발할라를 찾아보았다.

발할라는 북유럽 신화에서 하늘에 있는 거대한 공간을 가리키는 말로, 훗날 세계의 종말을 알리는 전쟁을 대비해 바이킹 영웅들이 훈련하는 곳을 말했다. 용감하게 싸우다 죽은 바이킹만이 발할라에 갈 수 있기에 바이킹들은 죽음의 위협에도 기꺼이 칼을 들었다고 한다.

난서는 두 손을 모아 스노리가 발할라에 갈 수 있기를 간절한 마음으로 기원했다.

4

바람과 시간에 맡기다

한국과 파키스탄의 풍장

GO!

난서는 오늘도 변함없이 유령클럽으로 향했다. 몇몇 유령들이 난서를 향해 손을 흔들며 알은체를 했다. 월마가 난서의 이름을 크게 부르면서 다가왔다.

"피곤하지 않아? 세계를 돌아다니고 있잖아."

난서는 뜨끔했다. 오늘 수업 시간에 졸았기 때문이다. 그렇지만 솔직하게 말했다가 여행이 끝날까 봐 시치미를 뗐다. 월마는 어깨를 으쓱하더니 난서를 데리고 방 안쪽으로 들어갔다. 그곳에는 중년 남자와 젊은 여자가 기다리고 있었다.

"오늘 유령 여행자는 두 분이야. 이쪽은 한국인 모백 씨고, 이쪽은 파키스탄에서 온 두라니 씨."

모백은 전라북도 군산이 고향이고, 두라니는 파키스탄 북쪽에 사는 소수민족인 칼라쉬족이었다. 난서는 파키스탄을 검색했다.

파키스탄은 서남아시아 나라로, 인도 북쪽에 자리하고 있으며 대부분이 이슬람교를 믿는다. 칼라쉬족은 인도와 파키스탄의 산악 지대에 사는 소수민족이다. 독특하게도 외모가 유럽인과 굉장히 비슷하다.

먼저 파키스탄에 가기로 했다. 그런데 두라니가 살았다는 산악 지대가 지도에 없었다. 하는 수 없이 산악 지대와 가까운 곳에 있는 도시인 길기트로 목적지를 정했다.

난서와 두 유령이 눈을 뜨자 도시를 가로지르는 강이 보였다. 넓은 협곡 사이에 사람들이 사는 도시가 있었고, 한쪽에는 강이 흘렀다. 나무와 풀이 별로 없어서 황량함이 느껴졌다. 두라니는 그저 기쁜 표정으로 사방을 둘러보았다.

"여기서 가까운 곳에 부처를 새긴 바위가 있어. 이 주변에서 가장 유명한 곳이야. 어릴 때 어머니를 따라가 본 적이 있어."

두라니 말에 난서가 스마트폰으로 검색하자 '카르가 불상'이라고 하는 마애불 사진이 나왔다. 마애불은 암벽에 조각한 불상을 뜻했다.

이들은 곧바로 불상이 있는 계곡으로 향했다. 불상이 높은 곳에 있어서 멀찍이서 바라보았다. 카르가 불상이 있는 곳으로 들어가는 입구에 다음 글이 적혀 있었다.

인도에서 시작된 불교는 북쪽으로 뻗어 나가며 파키스탄에도 전해졌다. 그때 불교는 서쪽에서 알렉산드로스의 군대를 따라 온 그리스 문화와 만났다. 그리스에서 온 문화와 불교가 만나면서 이전에 없던 독특한 문화 현상이 생겨났다.

원래 인도에서는 불상을 만드는 전통이 없었는데, 그리스 문화의 영향을 받아 불상을 만들게 되었다. 파키스탄 북부 지방에는 바위에 새기거나 굴을 파 모셔 놓은 당시의 불상이 많이 남아 있다.

"이제 뼈를 찾으러 가야죠."

미소를 띤 모백이 추억에 잠긴 두라니의 어깨에 손을 올리며 말했다. 두라니는 불상을 함께 보았던 어머니를 떠올린 모양이었다.

"엄마가 보고 싶은데 얼굴이 기억나지 않아…."

두라니는 중얼거리듯 말하고는 기억의 실을 찾기 위해 두 손을 모았다. 그리고 난서와 모백의 손을 잡고 산 쪽으로 향했다. 얼마 후 작은 마을이 나타났다.

"이곳이 내 고향이야. 평생을 여기서 살았어."

두라니는 눈 내리는 날 강아지처럼 뛰어다녔다. 마을 사람들을 껴안기도 했으나 누구도 알아차리지 못했다. 두라니는 몸이 없는 유령이었다. 마을 사람들과 직접 만나려면 밤이 되기를 기다렸다가 그들의 꿈속으로 들어가야 했다.

두라니는 별수 없이 돌아서서 마을 바깥으로 난서와 모백을 안내했다. 도착한 곳은 돌담이 있는 공터였다. 무릎 높이 정도 오는 낮은 돌담 사이로 작은 문이 하나 있었다.

난서와 두 유령은 문 안쪽으로 들어갔다. 군데군데 나무가 자라고 있었으나 널찍한 땅일 뿐이었다.

"여기가 우리 무덤이야."

두라니의 말에 난서는 얼떨떨한 표정으로 주위를 살펴보았다. 흔히 무덤이라고 하면 떠오르는 작은 언덕처럼 생긴 봉분도 없었고, 납골당 같은 시설도 없었다.

무덤 주변을 천천히 거닐던 두라니가 말했다.

"우리는 풍장을 하거든. 사람이 죽으면 나무로 만든 작은 관에 시신을 담아서 덮개를 덮지 않고 그대로 둬."

풍장은 시신을 자연 상태로 두는 장례 방법이다. 시간의 흐름에 따라 비와 바람을 맞으며 뼈와 살이 저절로 사라지기에 바람을 뜻하는 풍(風) 자를 써서 '풍장'이라고 한다.

풍장은 전 세계에서 발견되기에 인류 역사에서 가장 오래된 장례 방법일 수 있다. 한국에서는 시체를 나무 위나 산, 바위 위에 두었다는 기록이 남아 있다.

"왜 죽은 사람을 땅에 묻거나 불에 태우지 않고 그대로 두는 거예요?"

난서의 물음에 두라니가 친절히 설명해 주었다.

"자연에 맡기는 거지. 일종의 보시인 셈이야. 죽고 나서 살과 뼈를 자연에 내주면 좋은 세상에 갈 수 있다고 해. 우리가 이렇게 만난 것도 그 덕분일지도 모르지."

'보시'는 아무 조건 없이 남에게 베푸는 것으로, 불교에서 가장 중요한 덕목 가운데 하나라고 했다.

"여기 있네. 이게 내 뼈야."

두라니는 공터 구석에서 작은 뼈 하나를 찾아냈다. 그는 가만히 눈을 감았다. 눈물이 흘러내렸다. 그러나 표정은 기뻐 보였다.

한동안 뼈를 쥐고 있던 두라니가 눈을 뜨고는 난서에게 아이처럼 신이 난 목소리로 말했다.

"엄마를 만났어. 뼛속에서 엄마에 관한 기억을 찾았어. 이제 엄마 얼굴도 또렷하게 기억나."

난서는 할머니가 떠올랐다.

"자, 이제 한국으로 가자고요. 나도 내 고향에 가고 싶어요.

엄마도 보고 싶고 말이에요."

모백이 장난스러운 말투로 두라니를 놀렸다.

난서는 모백이 알려 준 대로 전라북도 군산에 있는 선유도라는 섬을 검색했다. 스마트폰에 지도가 뜨자 난서와 두 유령은 순식간에 이동했다. 눈앞에 펼쳐진 곳은 '초분공원'이라는 이름이 붙은 널찍한 공원이었다. 안내판에는 이렇게 적혀 있었다.

초분은 한국의 특이한 장례 풍습 가운데 하나다. 조상이 묻혀 있는 땅에 송장을 묻을 수 없다는 믿음과 정월에는 사람이 죽어도 땅을 파지 않는다는 관습에 따라 임시로 매장을 했다가 2~3년이 지나면 땅에 묻는다.

"여기 잘 가꿔 놓았네. 두라니 씨는 풍장을 했다고 하는데, 초분은 풍장과 비슷하면서 조금 다르거든."

모백이 공원을 둘러보며 말했다.

초분을 만드는 방법은 다음과 같다. 바닷바람이 부는 언덕에 한 사람이 팔다리를 벌리고 누울 수 있을 정도의 넓이로 땅을 편평하게 다듬는다. 그곳에 돌을 깔고 시신을 눕힌 후 볏짚을 엮어 만들어 덮는다. 초분이 바람에 날아가지 않도록 새끼줄로 엮어

큰 돌에 매어 두고, 새나 산짐승이 다가오지 못하도록 초분 위

에 소나무 가지를 꽂는다.

모백 말에 따르면 보통 초분을 한 지 2~3년이 지나고 시신의 살이 다 썩어 뼈만 남으면 날을 정해서 땅에 묻는다. 그런데 뼈가 남아 있지 않으면 매장을 하지 못하고 그대로 초분만 남겨 둔다고 한다.

"두라니 씨가 있던 칼라쉬족은 덮개가 없는 작은 관에 시신을 두었지. 우리는 시신 위에 볏짚을 덮었다는 게 달라. 하지만 자연 상태로 두었다는 점에서 다르지 않아. 자연스럽게 사라지는 게 죽음이니까."

난서는 지난번 여행에서 밀라레파가 오래전 티베트에서도 풍장을 했다고 이야기한 것이 기억났다. 모백의 말처럼 사람이 죽으면 동물이나 나무처럼 비와 바람을 맞으며 자연스럽게 썩고 사라지는 것이 맞을지도 몰랐다.

이런 생각을 모백에게 들려주니 그는 웃으며 이렇게 말했다.

"옛날보다 인구가 많이 늘어났잖아. 살아 있는 사람들이 살 곳도 부족한데 죽은 사람은 빨리 사라지는 게 맞지 않을까?"

그때 두라니가 끼어들었다.

"그런데 모백 씨는 뼈를 찾지 않나요?"

모백은 머리를 긁적였다.

"사실 아까 도착하자마자 기억의 실을 찾아보았는데 뼈가 숨은 모양이에요. 아마도 초분을 했을 때 뼈가 모두 사라졌나 봐요. 찾아보면 어딘가 있겠지만, 그냥 두도록 하죠."

뼈를 통해 어머니에 관한 기억을 되찾은 두라니가 안타까워했으나 모백은 되찾고 싶은 기억이 별로 없다며 괜찮다고 했다.

"다시 고향에 와본 것만으로도 만족해요."

이들은 모든 여행을 마치고 유령클럽으로 돌아왔다. 두라니는 난서를 단단하게 안아 주며 고맙다고 인사했다. 모백은 개구지게 웃어 보이며 악수를 건넸다. 난서는 내일 보자는 월마의 목소리를 뒤로하고 유령클럽에서 빠져나왔다.

오랜 시간이 지난 줄 알았는데 시계는 0시 1분을 가리키고 있었다.

난서는 모백의 말이 떠올라 우리나라의 묘지 면적을 조사해 보고는 깜짝 놀랐다. 사람을 묻기 위해 마련한 땅의 면적이 부산의 2배, 서울의 1.65배 정도였다. 이는 우리나라 국토의 1퍼센트가 넘고, 사람이 사는 주거 공간의 약 39퍼센트에 이르는 수준이었다.

죽은 사람들이 너무 많은 땅을 차지하는 거 아닌가? 난서는 장례가 죽은 사람을 자연스럽게 세상에서 사라지게 하는 것이라고 한 밀라레파의 말을 떠올렸다. 실제로 땅에 묻는 매장 말고 어떤 방법이 있을지 궁리하는 사이 밤은 깊어 갔다.

5

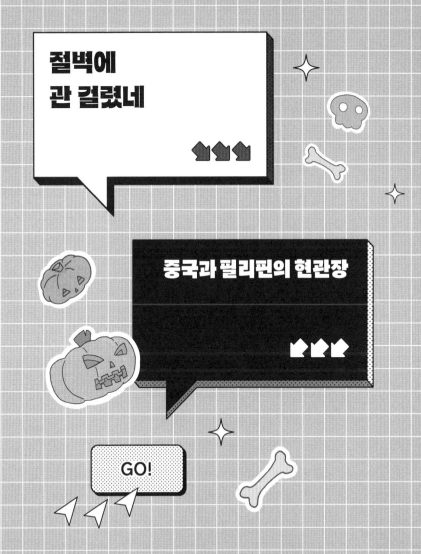

절벽에
관 걸렸네

◀◀◀

중국과 필리핀의 현관장

◀◀◀

GO!

벌써 다섯 번째 여행 날이 되었다. 난서는 며칠 사이에 일어난 도저히 믿을 수 없는 일들을 돌이켜 보았다. 처음에는 유령이라고 해서 무서웠으나 지금은 편안하고 다정한 사람들처럼 느껴졌다. 무덤이 대부분이긴 해도 자유롭게 세계를 여행하는 것도 설레었다. 어찌 보면 남들은 평생 가보지 못할 곳을 경험하고 있으니 행운이라는 생각도 들었다.

어느새 자정이 지났다. 시계는 0시 5분을 가리키고 있었다. 난서는 서둘러 유령클럽에 들어갔다.

"오늘은 좀 늦었네. 난 네가 우리를 잊은 줄 알았어."

월마가 큰 소리로 웃으며 난서의 어깨를 장난스럽게 툭 쳤다. 난서는 그럴 리가 없다는 듯이 밝은 목소리로 말했다.

"오늘은 어떤 분이 뼈를 찾으러 가나요?"

"여기 이분들이 함께 갈 거야."

가까운 사이로 보이는 백발의 두 남녀가 난서 앞에 나타났다. 마오민이라는 중국 여자와 크로이라는 필리핀 남자였다.

국적과 성별이 다른 두 유령은 살아 있을 때는 서로를 몰랐다. 유령이 된 이후 우연히 이야기를 나누다가 친해졌다. 이들 모두 노인이었으나 죽은 지 30년이 안 된 비교적 젊은 유령이었다. 자연이 아름다운 시골에서 살았다는 공통점도 있었다. 심지어 죽어 있는 모습도 비슷하다고 했다.

　"죽어 있는 모습이요?"

　난서의 물음에 마오민이 웃으며 답했다.

　"우리 뼈가 허공에 매달려 있거든. 하하."

　허공이라니. 뼈가 공중부양이라도 한다는 걸까? 난서는 어리둥절한 표정을 지었다.

　"보면 알 거야. 마오민의 고향부터 가보자."

　난서는 마오민의 말대로 중국 구이저우의 지도를 찾았다.

　구이저우(귀주)는 중국 남서쪽에 있으며 해발이 높은 지역이다. 구이저우에는 소수민족이 많이 살고 있다. 중국에는 인구의 대부분을 차지하는 한족 외에 55개의 소수민족이 있다. 그 가운데 장족과 위구르족, 회족, 묘족, 만주족 등이 규모가 큰 소수민족이다.

　마오민은 구이저우의 소수민족인 묘족 출신이라고 했다. 지도를 확인한 난서는 마오민과 크로이의 손을 잡고 떠날 준비를 했다. 눈을 뜨자 옅은 풀 냄새와 함께 맑은 공기가 콧속으로 밀려들었다. 난서는 깊이 숨을 들이마셨다. 이들이 도착한 곳은 뒤로는 높은 봉우리가 있고, 앞으로는 탁 트인 전망이 펼쳐진 언덕이었다.

기억의 실을 찾은 마오민이 어느 산봉우리를 보며 말했다.

"내 뼈가 저쪽에 있나 봐."

난서와 크로이는 마오민을 따라 깎아지른 듯한 절벽을 향해 걸었다.

"저기 있네."

마오민이 가리킨 곳은 엉뚱하게도 허공이었다. 난서는 깜짝 놀랐다. 높은 절벽 군데군데 네모난 물체가 걸려 있었다. 자세히 보니 관이었다. 가파른 절벽에 여러 개의 관이 아슬아슬하게 매달려 있었다.

"왜 관이 절벽에 걸려 있어요?"

난서는 자기도 모르게 소리치고 말았다.

"하늘로 빨리 가기 위해 하늘과 가까운 곳에 관을 둔 거야. 그래서 죽은 사람을 사랑하고 존경할수록 더 높은 곳에 관을 놓으려고 애쓰지."

절벽에 관을 건다고 해서 '걸다'라는 뜻을 지닌 현(縣) 자를 써서 '현관장'이라고 부르는 이 장례 방법은 무려 3000여 년 전부터 행해져 왔다. 관의 모습이 배를 닮았다고 해서 배를 뜻하는 선(船) 자를 써서 '선관장'이라고도 부른다. 과거 다른 부족과 다툼과 전쟁이 잦아 그때마다 조상의 무덤이 훼손되었기에 쉽게 접근할 수 없는 절벽에 무덤을 만들게 되었다.

"마오민 씨의 뼈는 어디쯤에 있어요?"

마오민은 절벽 높은 곳을 가리켰다.

"내 아들이 저렇게 높은 곳에 매달았지. 모두가 절벽에 관을 매달지는 않아."

사고를 당해서 죽거나 병에 걸려서 죽은 사람은 불에 태우는 화장을 한다고 했다. 난서는 관을 절벽에 걸어 두는 풍습을 여전히 이해할 수 없었다. 무엇보다 어떻게 절벽에 관을 매달 수 있는지 놀라웠다.

"저렇게 매달아 두면 떨어지지 않아요?"

"방법이 있어. 절벽에 구멍을 뚫고 받침대를 꽂은 다음 그 위에 관을 올리지. 우리는 늘 높은 곳에서 살아왔기 때문에 그렇게 위험하지 않아. 요즘은 절벽에 관을 설치하는 전문가도 있다고 해."

마오민 말에 따르면 묘족이라고 해서 모두 현관장을 하는 건 아니었다. 대부분 매장을 하고, 마오민처럼 높은 산악 지대에 사는 묘족들이 현관장을 한다고 했다.

난서는 절벽에 매달린 관을 올려다보는 크로이에게 물었다.

"크로이 씨 관도 절벽에 매달려 있나요?"

크로이는 미소 지으며 고개를 끄덕였다. 그는 필리핀 루손섬에 있는 사가다 지역으로 가자고 했다. 난서는 스마트폰을 꺼내 사가다를 검색했다.

루손섬은 필리핀 북부에 있는 섬으로, 필리핀에서 가장 크고 세계에서는 15번째로 큰 섬이다. 필리핀의 수도인 마닐라도 루손섬에 있다. 루손섬 북쪽에 있는 작은 도시인 사가다 사람들은 전통적인 방식으로 살아간다. 사가다와 관련해 가장 유명한 것은 행잉 코핀스(절벽에 관을 매달아 놓은 곳)이며 석회암 동굴이 많아서 여행자의 발길이 늘어나고 있다.

이들은 사가다라는 작은 도시에 도착했다. 크로이는 자기가 살던 때와 많이 변했다고 하면서 기억의 실을 찾았다.

"저쪽이야. 이쪽으로 걸어가면 돼."

크로이는 산이 있는 쪽을 가리켰다. 이정표를 보니 크로이가 말한 방향에는 에코 밸리라는 곳이 있었다.

애코 밸리로 가는 길에 공동묘지가 나왔다. 비석들 앞에 불을 피운 흔적이 보였다.

"불의 축제 때문에 생긴 거야. 매년 12월에 조상의 무덤 앞에 소나무 가지를 모아서 불을 피우거든."

난서와 두 유령은 애코 밸리를 찾아 숲속으로 들어갔고, 곧 관이 잔뜩 쌓여 있는 동굴이 나왔다.

"우리는 이렇게 관을 동굴에 쌓아 두거나 마오민 씨 마을처럼 절벽에 걸어 둬."

사람이 세상을 떠나면 시신을 담은 관을 절벽으로 옮긴다. 먼저 관의 무게를 지탱할 기둥을 설치하고 끈으로 관을 고정한다. 세월이 흘러 관이 썩으면 관 속에 있던 유골은 자연스럽게 절벽 아래로 떨어진다. 관을 절벽에 매다는 것은 대부분 부자나 지도자이고, 보통은 동굴에 쌓아 둔다. 최근에는 이러한 전통 장례가 사라지고 있다.

크로이는 현관장이 아주 오래전부터 이어진 장례 풍습이라고 했다.

"애초에 왜 현관장이 생긴 거예요? 마오민 씨 마을처럼 여기서도 전쟁이 자주 일어났나요?”

크로이는 고개를 저었다.

“우리는 사람을 땅에 묻으면 악마가 몰래 영혼을 훔쳐 간다고 믿거든. 그러니까 관을 땅속에 숨기지 않고 잘 보이는 곳에 두어야 해.”

크로이 말에 따르면 관이 잘 보이는 곳, 다시 말해 높고 위험할수록 명당이었다. 거기에 마오민이 덧붙였다.

“그건 아마도 눈에 잘 띄는 곳에 관을 두어야 신이 악마보다 먼저 영혼을 찾아낼 거라고 믿기 때문이겠지.”

크로이가 고개를 끄덕였다.

“크로이 씨의 뼈는 어디에 있어요?”

난서의 물음에 크로이는 절벽 꼭대기를 가리켰다.

“난 이 마을에서 가장 부자였거든. 죽은 지 오래되지 않아서 아직 관 속에 있어.”

크로이는 절벽을 향해 큰 소리로 외쳤다.

“내 뼈들아, 잘 있어!”

난서와 마오민은 깜짝 놀라서 크로이를 쳐다보았다. 그런데 그 순간 “잘 있어”라는 크로이의 목소리가 메아리가 되어 돌아왔다. 크로이가 씩 웃으며 메아리(에코)가 울리기 때문에 이곳이 ‘에코 밸리’라고 불린다고 알려 주었다.

난서는 여행이 끝나고도 관이 절벽에 걸려 있는 모습이 머릿속에서 떠나지 않았다. 지역에 따라 장례가 다르고 죽음에 관한 생각도 다르다는 것이 새삼스럽게 와닿았다.

6

시신을
깊은 바닷속으로

파나마의 수장

GO!

난서가 유령클럽에 들어서자 윌마는 기다렸다는 듯 덩치가 큰
남자와 함께 나타났다.

"이쪽은 드레이크 씨. 영국인이야. 한때는 해적이었고 또 한
때는 영국 해군의 장군이었어."

난서의 큰 눈이 놀라움에 더욱 커졌다. 그러자 드레이크가 손
을 내저었다.

"그때는 지금과 달라서 누구든 싸움만 잘하면 군인이 되고
장군이 될 수 있었어."

"그러니까 싸움을 잘했다는 말이네요?"

"정확하게 말하면 해적질이지. 하하."

드레이크는 유명한 해적이었고 실력이 좋아서 많은 금은보
화를 약탈했다고 한다. 그리고 그것을 영국 여왕에게 바쳤더니
귀족 작위를 받고 해군 제독으로 임명되었다는 것이다.

"난 바다가 좋았어. 육지 생활이 나빴다는 건 아니야. 바다에
서 사는 게 더 좋았다는 말이지."

"그럼 오늘 바닷가로 가야겠네요?"

난서가 묻자 드레이크는 껄껄거렸다.

"아니, 정확하게 말하면 바닷속으로 가야 해."

드레이크는 남아메리카 파나마에 있는 콜론주 포르토벨로로 가자고 했다. 난서는 포르토벨로를 검색했다. 포르토벨로는 16세기 스페인이 건설한 도시로, 유네스코 세계유산에 등재되었으며 아름다운 해변으로 유명하다고 나왔다.

난서와 드레이크는 지도 속 위치로 가기 위해 손을 맞잡았다. 눈을 뜬 순간 맑고 푸른 바다가 펼쳐졌다. 드레이크는 기억의 실을 찾기 위해 두 손을 모았다.

"저쪽이야. 눈을 감아."

난서가 다시 눈을 뜨자 이번에는 바닷속이었다. 바다가 깊지 않아 시야가 어둡지 않았다. 하늘거리는 해초 사이로 한가롭게 헤엄치는 물고기들이 눈에 들어왔다. 어라, 바닷속인데도 숨이 막히지 않네? 드레이크는 난서의 표정을 읽었는지 미소 지으며 말했다. 목소리 역시 뚜렷하게 잘 들렸다.

"유령을 믿는 사람만 있으면 유령은 어디든 갈 수 있다니까."

드레이크는 작은 바위가 있는 곳으로 난서를 데려갔다. 그곳에는 쇠로 만든 상자가 잔뜩 녹이 슨 채로 놓여 있었다. 드레이크는 상자를 가리켰다.

"이게 내 관이야. 내가 1596년에 죽었으니까 여기서 산 지도 400년이 넘었네."

드레이크가 철제 관을 발로 툭툭 차자 관 뚜껑이 열렸다. 그 안에는 드레이크 것으로 보이는 뼈가 놓여 있었다. 드레이크는 자기의 뼈를 어루만졌다.

'수장'은 시신을 물에 빠뜨리는 장례 방법을 말한다. 선원과 같은 뱃사람, 해군 승무원 등 해양 민족이나 바다와 관련된 일을 하는 사람들 사이에서 주로 행해진다. 반면에 종교적으로나 일반적으로는 거부감이 있어서 널리 이루어지는 장례 방법은 아니다.

"그럼 드레이크 씨는 수장을 한 거네요?"

난서가 드레이크의 뼈를 보며 물었다. 드레이크는 죽기 전 있었던 일들을 들려주었다. 바닷속에서 해초와 물고기들과 함께 듣는 옛이야기는 매우 흥미로웠다.

"그때 멕시코만에서 황금을 운반하는 스페인 배들을 발견하고 왕창 털었지. 와하하. 금과 은을 엄청나게 챙겼어. 그렇게 막 빼앗아도 되냐고? 스페인도 남아메리카 원주민 것을 빼앗은 거니까 우리가 다시 털어도 딱히 나쁜 일은 아니잖아? 크큭."

드레이크는 배들을 약탈하는 과정에서 4척의 배와 많은 선원을 잃었고, 먹을 것이 부족해 굶주림을 겪었으며 병이 생겨났다. 식량을 구하기 위해 이곳저곳을 공격했으나 쉽지 않았다. 결국 드레이크는 이질이라는 병에 걸려 배에서 죽었고 수장되었다.

"복통과 설사로 엄청 고생하다가 죽었지."

과거에는 물질을 썩지 않게 하는 방부 기술이 발달하지 않았기 때문에 뱃사람들이 수장을 선택하는 경우가 많았다. 언제 육지로 돌아갈지 모르는 상황에서 자칫 시신이 썩기라도 하면 죽은 사람을 모독하는 일이 되기에 시신을 관에 담아 바닷속에 던져 넣게 된 것이다. 또한 바다에서 전쟁이 벌어져 많은 사망자가 생겼을 때 빨리 시신을 처리해야 했기에 이때도 수장을 했다.

"바닷속에서 잠드는 게 무섭거나 싫지 않으셨어요?"

"그럴 리가. 나는 바다를 사랑한 사람이라 오히려 육지에 묻혔다면 서운했겠지. 뱃사람에게 바다에 묻히는 것은 명예로운 일이야."

난서는 어렴풋이 이해할 수 있었다. 자기가 좋아하고 사랑한 바다에서 영원히 사는 것도 좋을 듯했다.

해군은 수장을 명예로운 장례 방법으로 여겼다. 평생 바다에서 일한 선원에게도 바다는 고향과 같았다. 여우는 죽을 때 살던 쪽으로 머리를 돌린다는 수구초심(首丘初心)이라는 옛말이 있듯이 고향과 다름없는 바다에 묻히는 것은 그들에게 의미 있는 일이었다.

우주비행사로 가장 먼저 달에 다녀온 닐 암스트롱은 자기의 뼛가루를 바다에 뿌려 달라는 유언을 남겼다. 공적에 따라 국가의 장례인 국장을 치르고 국립묘지에 묻힐 수 있었으나 해군 항공대 조종사였던 그는 바다로 돌아가고 싶어 한 것이다.

드레이크는 난서에게 역사책에나 나올 법한 이야기들을 들려주었다. 그 가운데 콜럼버스 다음으로, 그러니까 세계에서 두 번째로 바다를 통해 세계 일주를 했다는 이야기는 놀라웠다.

"3년 정도 걸렸어. 영국에서 출발해서 마젤란 해협을 지나 태평양을 건너 인도양을 횡단하고 희망봉을 돌아서 무사히 영국으로 돌아왔지. 물론 그때도 해적질을 했어. 그때 약탈한 금과 은으로 귀족이 된 거야."

옛이야기를 듣는 사이 바다가 어두워졌다. 난서와 드레이크는 곧 유령클럽으로 돌아왔다. 드레이크는 과거의 기억을 되찾아 즐거웠다며 고마움을 표현했다. 난서도 바닷속 여행이 흥미

진진했다고 말했고, 드레이크와 깊이 포옹했다.

　난서는 유령들과 세계 곳곳을 둘러보고, 심지어 바닷속까지 누벼 보니 세상은 넓고 그만큼 다양한 장례 문화가 있다는 생각이 들었다. 방으로 돌아와서는 우리나라 장례를 알아보고자 인터넷 검색을 했다.

　한국은 원칙적으로 수장, 풍장, 천장 등을 할 수 없다. 모두 불법이기 때문이다. 한국의 법률에 따르면 시신을 땅에 묻는 매장, 불태우는 화장, 나무 밑 등에 묻는 자연장만 인정한다. 규정에는 없으나 화장을 해서 바다에 뿌리는 해양장은 경우에 따라 허용된다.

　난서는 앞으로 사람들의 생각이 바뀌면 새로운 장례 방법이 나타날지도 모른다고 생각했다.

오늘날의 이색 장례

"난서 안녕, 오랜만이야."

윌마가 난서를 반갑게 맞았다. 난서는 일주일 만에 찾은 유령클럽을 둘러보았다. 처음 유령클럽에 왔을 때 낯설고 어색했던 것과 달리 익숙하고 편안했다. 유령들이 난서를 향해 손을 흔들었고, 난서도 고개를 꾸벅 숙여 인사했다.

"발표 준비는 잘했어?"

윌마가 한쪽 눈을 찡긋했다. 난서는 자신 없는 표정으로 고개를 끄덕였다. 오늘은 난서가 유령클럽에서 현대의 독특한 장례 방법에 대해 발표하기로 한 날이었다.

유령들은 살아 있는 사람들보다 죽음에 관심이 많았다. 난서에게 질문이 쏟아지자 결국 나서서 알려 주기로 한 것이다. 난서는 며칠 동안 자료를 조사하고 장례 업체에 찾아가 물어보기도 했다.

발표 시간이 다가오자 난서는 공중에 걸린 대형 화면에 발표 내용을 띄웠다.

🩻 자연과 하나가 되는 수목장

"최근 많이 하는 장례 가운데 하나가 수목장이에요. 수목장은 화장한 유골의 뼛가루를 나무 밑이나 주변에 묻거나 뿌리는 것을 말해요. 수목장은 자연장 방법의 하나인데요. 자연장에는 수목장을 비롯해 화초장, 잔디장 등이 있어요."

> 자연장은 법률에 따르면 화장한 유골의 뼛가루를 나무, 화초, 잔디 등의 밑이나 주변에 묻어 장사하는 것을 말한다. 나무에 묻으면 수목장, 화초에 묻으면 화초장, 잔디에 묻으면 잔디장이라고도 부른다.

"자연장은 풍장과 비슷하면서도 달라요. 죽은 사람을 자연으로 돌려보낸다는 점에서 유사하고요. 풍장은 시신을 그대로 두고 나중에 유골을 수습하지만, 자연장은 시신을 화장해서 자연으로 돌려보낸다는 점에서 다르죠."

난서는 화면에 수목장을 보여 주는 사진들을 띄웠다.

"자연장이 계속 늘어나는 것은 또 다른 장례 방법인 화장과 관련이 있어 보여요. 한국의 경우, 과거에 보편적이었던 매장이 인구의 급격한 증가, 묘지의 부족과 비싼 비용 등을 이유로 크게 줄었어요."

앞자리에 앉은 한 유령이 맞장구를 쳤다.

"인구가 많이 늘긴 했지. 그만큼 유령도 늘었고."

"화장을 많이 하면서 뼛가루를 어딘가에 묻거나 뿌리는 자연장이 자연스럽게 늘어난 거죠. 무덤을 두지 않으면 넓은 땅이 필요하지 않고 비교적 비용도 저렴하기 때문이에요."

한 유령이 손을 들고 질문했다.

"예전에 무덤은 집과 같았는데, 자연장을 하면 집이 없는 거네요?"

난서는 준비한 자료를 화면에 띄웠다.

무덤은 살아 있을 때의 집에 죽음을 더한 공간이다. 다시 말해 '집+죽음'이다. 예부터 인류는 살아생전과 마찬가지로 죽은 다음에도 집이 필요하다고 믿었다. 왕이나 귀족은 왕릉이나 고분이 보여 주듯 평소에 살던 집처럼 큰 무덤을 만들었다. 그러나 오늘날 인구가 폭발적으로 늘어나고 삶을 위한 땅조차 부족해지면서 아파트와 같은 거대 공동주택이 등장했다. 무덤 또한 '죽은 사람이 사는 아파트'라고 부르는 납골당이 생겨났다.

"죽고 나서 따로 살 집을 원한다면 납골당이 있어요. 만약 자연장을 선택하면 다른 죽은 사람들과 함께 살게 되고요. 조사한 것에 따르면 수목장은 한 나무 아래에 여러 명의 뼛가루를 묻거나 뿌린다고 했거든요. 그리고 뼛가루를 화초나 잔디에 뿌려도 서로 섞이겠죠? 혼자 집을 차지하고 사는 것도 좋지만, 여러분이 유령클럽에 모인 것처럼 함께 어울려 죽음을 살아가는 것도 좋지 않을까요?"

💀 하늘로 날려 보내는 풍선장

"다음은 풍선장 또는 하늘장이라고 부르는 장례 방법이에요."

난서가 하늘 위로 날아가는 풍선의 모습을 화면에 띄웠다.

"풍선장은 말 그대로 화장해 나온 뼛가루를 풍선에 넣어서 하늘로 올려 보내는 방식인데요. 자연장과 마찬가지로 인구 증가와 사망자 증가로 시신을 매장할 묘지가 부족해지면서 생겨났어요. 죽음에 대한 생각의 변화도 영향을 미쳤고요."

"죽음에 대한 생각이 변했다는 건 무슨 뜻이지?"

맨 앞에서 발표에 집중하던 유령이 물었다.

"오늘날 죽는 사람이 늘어나면서 죽음에 대한 생각이 과거보다 가벼워졌어요. 우리나라는 조선 시대에 시묘살이라고 해서 부모가 돌아가시면 3년 동안 무덤 근처에서 움집을 짓고 애도 기간을 가졌어요. 아버지와 어머니를 더해 많게는 6년이나 되는 시간을 무덤가에서 보낸 거죠. 요즘은 대부분 먹고살기가 바쁘다 보니 그렇게 하지 않아요.

예전에는 더 오랫동안 애도하고 더 무겁게 죽음을 생각했다면 지금은 그렇지 않다고 볼 수 있어요. 무덤을 돌보는 일이나 죽은 사람을 기억하는 제사를 지내는 사람도 크게 줄고 있거든요."

난서는 풍선장을 설명하는 글을 화면에 띄웠다.

풍선장 또는 하늘장은 지름 약 2~2.5미터의 커다란 풍선에 죽은 사람을 화장해 나온 뼛가루를 넣고 하늘로 날려 보내는 장례 방법이다. 이렇게 하늘로 날린 풍선은 40~50킬로미터쯤 올라가면 기압 차이로 터진다. 그러면서 풍선에 든 뼛가루는 하늘에서 흩어진다. 이 모든 과정은 3시간 정도 걸린다.

"죽음에 대한 생각이 가벼워지는 건 나쁘지 않지만, 풍선은 너무 가벼운 것 아냐?"

누군가의 농담에 유령들 사이에서 웃음소리가 터져 나왔다.

"하늘로 올라간다는 점에서는 티베트의 천장과 비슷한데."

유령들은 한동안 왁자지껄 풍선과 죽음에 관해 이야기를 주고받았다. 잠잠해질 때까지 기다린 난서가 발표를 이어 갔다.

"풍선이 터지면 뼛가루가 하늘에서 떨어져 땅으로 사라진다는 점에서 자연 친화적인 방법이라고 할 수 있어요. 자연장처럼 죽은 사람을 자연으로 돌려보낸다는 점에서 그렇죠. 이렇듯 요즘 장례는 대체로 자연과 가까운 방식으로 이루어지고 있어요."

🕱 거름이 되어 사라지는 퇴비장

"가장 자연과 가까운 장례는 퇴비장이라고 할 수 있어요."

한 유령이 놀랍다는 듯이 물었다.

"퇴비라면 식물을 키울 때 쓰는 거름을 말하는 건가? 잡초나 낙엽, 음식쓰레기, 재 같은 걸 썩혀서 만드는 그 냄새 지독한 거름?"

"맞아요. 사람이 죽으면 그 몸을 이용해서 퇴비를 만드는 거예요."

유령들은 웅성웅성하며 서로의 얼굴을 보았다.

미국 캘리포니아주는 퇴비장을 공식적으로 허용했다(2027년부터 도입). '인간 퇴비화 매장'인 퇴비장은 사람이 죽으면 시신을 30~45일 정도 풀과 나무, 미생물을 통해 자연적으로 분해해서 퇴비용 흙으로 만드는 장례 방법이다.

"아니, 그럼 뼈는 어떻게 되는 거야? 뼛가루도 남지 않으면 '뼈를 찾는 유령들' 모임이 해체되는 거 아냐?"

다시 유령클럽 안이 소란스러워졌다. 그때 한쪽 구석에 앉아 있던 낯선 모습의 남자가 자리에서 일어났다. 그러자 모두 입을 다물고 그쪽을 바라보았다.

"나는 퇴비장이라는 게 마음에 들어. 내 몸이 거름이 되어 나무와 곡식을 키울 수 있다면 얼마든지 퇴비가 되고 싶은걸. 인간이 뭐 그리 대단한 존재도 아니고. 죽고 나서 굳이 흔적을 남길 필요가 있나?"

옆에 있던 윌마가 난서에게 속삭였다.

"10만 년 전에 살았던 분이야. 박물관에 뼈가 남아 있어서 불만이 많아. 늘 자기 뼈를 없애고 완전히 사라지고 싶다고 하시거든."

난서는 박물관에서 본 고대 인류의 유골이 머릿속에 떠올랐다. 영원히 사라지고 싶어 하는 마음도 이해가 되었으나 한편으로 고대 인류의 뼈가 남아 있는 것은 감사한 일 같았다. 그 뼈를 통해 인류가 진화한 과정이나 과거의 사회 문화를 연구하고 되살려 낼 수 있었기 때문이다.

시신을 불태우는 장례인 화장은 탄소 배출과 화학물질 유출 등의 문제를 일으킨다. 하지만 퇴비장은 죽은 사람의 몸을 흙으로 돌려보낸다는 점에서 매우 친환경적인 방법으로 평가받는다.

퇴비장은 2019년 미국 워싱턴주에서 처음 시작되었고 전국적으로 퍼져 나가고 있다. 일부에서는 인간의 존엄성을 해친다는 이유로 반대하는 목소리도 있다.

"그럼 흙이 된 이후에는 어떻게 되는 거죠?"

누군가 난서를 향해 물었다.

"두 가지 방법이 있어요. 하나는 흙이 된 유해를 돌려받아 보관하는 것이고요. 다른 하나는 공공 토지에 퇴비로 기증하는 방법이에요. 일부를 보관하고 일부를 기증하는 방법도 있어요."

💀 살아 있을 때 치르는 생전장

"마지막으로 소개할 독특한 장례 방법은 생전장이에요. 말 그대로 살아 있을 때 장례를 치르는 건데요…."

난서의 말이 끝나기 무섭게 한 유령이 다그쳤다.

"죽지도 않았는데 장례를 치른다니? 그게 무슨 말이야?"

유령들은 영문을 모르겠다는 듯 쑥덕거렸다. 난서는 곧바로 생전장에 관한 자료를 화면에 띄웠다.

생전장은 살아 있을 때 스스로 장례를 기획하고 연출해 진행하는 장례 방법이다. 장례에 드는 비용을 자기가 지불하기 때문에 주변 사람에게 경제적 부담을 줄여 준다. 또한 자신이 원하는 대로 장례 내용을 정할 수 있고, 아직 죽지 않았기에 밝은 분위기에서 이별의 시간을 보낼 수 있다는 장점이 있다.

생전장의 목적은 살아 있을 때 주변 사람에게 직접 감사의 마음을 전하는 것이다. 그렇기에 장례식을 장난스럽게 연출하거나 자기 자랑을 하는 것은 피해야 한다. 생전장은 2005년 일본에서 처음 치러졌으며 점차 늘어나고 있다.

많은 유령이 고개를 끄덕였으나 몇몇은 여전히 생전장을 왜 하는지 모르겠다고 했다. 사실 난서도 나이가 어려서인지 크게 와닿지는 않았다. 그래서 생전장에 대한 비판적인 의견을 정리해 보았다.

생전장은 흔한 장례가 아니기에 주변 사람들에게 내용을 전하기가 어렵다. 모든 과정을 자신이 이끌어야 하므로 시간과 노력도 많이 든다. 또한 실제로 세상을 떠난 뒤 장례를 어떻게 할지도 미리 정해 놓아야 한다는 어려움이 있다.

"미리 죽음을 생각하고 정리한다는 점에서 불교의 생전예수재가 떠오르는데."

누군가의 말에 난서는 얼른 생전예수재를 검색해서 내용을 화면에 띄웠다.

불교의 49재나 수륙재는 죽은 사람의 명복을 빌고 그가 좋은 곳으로 가기를 바라는 의례다. 이와 달리 생전예수재는 살아 있는 동안 공덕을 닦아 훗날 죽고 나서 좋은 곳으로 가려는 생각에서 비롯된 의례다.

생전예수재는 장례는 아니나 죽음을 대비한다는 점에서 생전장과 비슷해 보였다. 난서가 생각에 잠기자 월마가 앞으로 나섰다.

"우리를 위해 밤마다 세계를 돌아다니고 이렇게 발표까지 준비해 준 난서에게 감사의 표시로 박수를 보내 주세요."

박수 소리가 유령클럽을 가득 채울 정도로 울려 퍼졌다. 난서는 허리를 굽혀 인사했다. 누군가를 위해 보람된 일을 했다는 생각에 기분이 좋았다.

월마가 난서의 어깨를 툭 치며 말했다.

"다음에도 잘 부탁해!"

2부

✳

산 자가 죽음을
기리는 방법

7

영혼들이 이승으로
돌아오는 밤

서양의 할로윈 축제

GO!

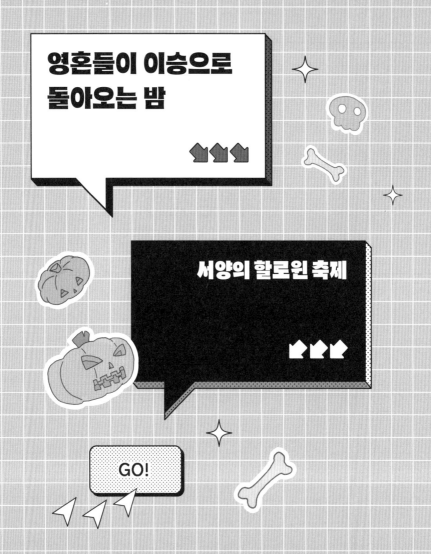

난서는 시험을 보느라 며칠 만에 유령클럽을 찾았다. 이제 유령클럽이 익숙했다. 유령들은 공포와 거리가 멀었다. 이미 죽음을 경험해서 그런지 너그럽고 친절했다. 덕분에 난서는 유령들과 가벼운 농담을 나눌 정도로 친해졌다.

"잘 지내셨어요? 오랜만이에요."

윌마가 밝은 표정으로 난서를 맞았다.

"우리에게 가장 많은 건 시간이거든. 이제 죽지 않으니까. 시간은 얼마든지 있어. 하하."

윌마는 다시 유령 여행을 하자고 했다. 아직 자기 뼈를 찾고 싶어 하는 유령이 많다며 당장 떠날 수 있는지 물었다. 난서는 명랑한 목소리로 좋다고 답했다. 그러자 윌마는 방 안쪽을 향해 큰 소리로 외쳤다.

"자, 이제 가요!"

한 무리의 유령들이 괴성을 지르면서 우르르 몰려나왔다. 대부분 서양 사람이었다. 난서는 당황해서 물었다.

"이분들이 다 같이 가는 거예요?"

"그럼! 오늘은 할로윈이잖아. 즐겁고 행복한 우리 유령들의 날이지. 자, 다들 이쪽으로 와서 난서의 손을 잡으세요. 아니지, 손은 두 명만 잡을 수 있으니 팔과 어깨에 손을 얹으세요."

윌마가 난서에게 동의를 구하는 눈빛을 보내자 난서는 빙긋 웃으며 고개를 끄덕였다. 순식간에 난서는 유령들에게 에워싸였다. 수많은 유령이 모여들었는데 신기하게도 갑갑하지 않았다. 신이 난 유령들을 보니 난서도 조금씩 흥이 올랐다.

"그럼 가보자고요! 그런데 어디로 가야 하죠?"

할로윈 축제는 10월 31일 밤에 열린다. 가톨릭에서 천국에 있는 모든 성인을 기리는 11월 1일 만성절에서 비롯된 축제다. 만성절 전날 밤에 저승의 죽은 영혼이 되살아나서 이승에 나타난다고 믿으며, 영혼에게 몸을 빼앗기지 않기 위해 유령이나 괴물, 마녀 등의 복장으로 돌아다닌다. 처음에는 미국과 영국에서만 했으나 최근에는 한국과 일본을 비롯한 세계 곳곳에서 즐기는 축제가 되었다. 한편 할로윈(Halloween)이라는 이름은 '성인'을 뜻하는 영어 단어 hallow에서 유래했다.

난서는 윌마와 의논해 화려하기로 유명한 미국 뉴욕의 할로원 축제에 가기로 했다. 난서와 유령들은 순식간에 뉴욕으로 날아갔다. 거리는 이미 어둠이 짙게 내려앉았고 할로윈을 상징하는 호박과 다양한 분장을 한 사람들로 가득했다.

과거에는 마녀, 악마, 뱀파이어와 같은 주로 죽음과 관련된 모습으로 많이 꾸몄는데, 최근에는 유명인이나 동화 속 공주, 인기 영화나 만화의 캐릭터, 프랑켄슈타인 같은 소설의 주인공 등으로 그 폭이 넓어졌다.

유령들은 오랜만에 느끼는 축제 분위기에 신이 나서 뛰어다녔다. 보통의 산 사람들 눈에는 보이지 않았으나 난서 눈에는 뚜렷이 보였다. 언뜻 살아 있는 것처럼 보이는, 분장하지 않은 실제 유령들이 말이다. 거리에는 진짜 유령과 유령처럼 꾸민 사람들이 뒤섞여 있었다.

할로윈 축제의 기원은 고대 켈트족이 살던 시기까지 거슬러 올라간다. 켈트족은 기원전 1000년 무렵 영국을 포함해 오늘날의 서유럽에 살던 민족이다. 이들은 죽음과 유령을 찬양하는 서운(Samhain) 축제를 열었는데, 이 축제가 훗날 할로윈 축제가 되었을 것으로 추정한다. 서운 축제가 열린 10월 31일은 당시의 달력에 따른 것으로, 오늘날 12월 31일에 해당하는 한 해의 마지막 날이었다.

난서는 미국 출신 유령인 제니퍼와 함께했다. 이곳저곳을 다니며 자기만의 개성으로 차려입은 사람들과 장식한 집들을 구경했다. 처음 경험하는 할로윈 축제에 가슴이 두근거렸다. 실감 나는 분장이 신기했고 서로를 놀라게 하는 사람들의 모습이 재미있었다. 얼굴 모양을 새긴 호박 장식은 어디에나 있었다.

"다른 것도 많은데 왜 하필 호박이에요?"

제니퍼는 쌓여 있는 호박들 위로 가뿐히 올라섰다.

"주황색 호박은 가을과 관련이 있어."

제니퍼는 과거 서운 축제가 12월 31일에 열린 것과 달리, 할로윈 축제는 10월 31일로 가을에 열리기 때문이라고 했다. 과일과 채소를 수확하는 계절과 겹치면서 호박이 등장하게 되었을 것이라는 이야기였다. 제니퍼는 말을 마치며 사탕을 얻으러 다니는 아이들을 따라 시선을 옮겼다.

"나도 어릴 때 친구들과 사탕을 받으러 다녔는데 말이야."

아이들은 무서운 분장을 하고 집집마다 돌아다니면서 "맛있는 걸 주지 않으면 장난칠 거야"라고 말했고, 사탕을 주지 않으면 비누 같은 것으로 유리창에 낙서를 했다. 그래서 보통 할로윈 때가 되면 어른들은 미리 사탕을 준비했다가 아이들이 찾아오면 반갑게 맞이하며 사탕을 나눠 준다. 두개골이나 거미, 박쥐, 지렁이 모양의 신기한 과자를 구워서 주기도 한다.

"다들 어디 가셨지?"

난서가 주변을 둘러보며 걱정스러움을 내비쳤다. 제니퍼가 그런 난서를 안심시켰다.

"오늘은 유령들이 자유롭게 돌아다닐 수 있는 유일한 날이니까 즐겨야지. 해가 뜨기 전에 모두 돌아올 거야."

밤이 이슥해지자 사람들이 하나둘 집으로 돌아갔고 거리가 한산해졌다. 사방으로 흩어졌던 유령들도 제니퍼와 난서가 있는 곳으로 돌아왔다. 모두 축제의 여운이 가시지 않아 여전히 신이 난 표정이었다. 유령들은 난서에게 고맙다는 인사와 함께 내년에도 함께 와달라고 부탁했다. 난서도 기쁜 마음으로 그렇게 하겠다고 약속했다.

"앞으로 매년 10월 31일이 되면 함께 와요."

8

해골들과
신나는 퍼레이드

멕시코의 죽은 자의 날

GO!

"할로윈 축제 재미있었지?"

이틀 후 유령클럽을 찾은 난서를 보자 윌마가 대뜸 물었다. 난서는 해맑은 얼굴로 고개를 힘차게 끄덕였다. 윌마는 할로윈 축제와 비슷한 또 다른 축제가 있다고 말하며 손을 흔들어 인상이 좋은 한 아주머니를 불렀다.

"이쪽은 프라다 씨. 멕시코에서 오셨어."

프라다는 난서를 따뜻하게 껴안았다. 그러고는 들뜬 목소리로 지금 당장 멕시코로 가야 한다고 말했다.

"지금 멕시코에서 죽은 자의 날이라는 축제가 열리고 있어."

멕시코는 북아메리카에 있는 나라로, 북쪽으로 미국과 국경이 맞닿아 있다. 과거 스페인의 식민지였기에 스페인어를 사용한다. 스페인어로 '디아 데 로스 무에르토스(Dia de los Muertos)'라고 하는 죽은 자의 날은 멕시코의 기념일이다. 10월 31일부터 11월 2일까지 3일에 걸쳐 진행되며 마지막 날인 11월 2일

은 휴일이다. 죽은 자의 날에는 '모든 죽은 사람을 기억하는 날'
이라는 의미가 담겨 있다.

난서는 스마트폰으로 지도를 검색해 프라다의 고향인 멕시
코시티를 찾았다. 난서와 프라다는 손을 잡고 눈을 감았다. 그
리고 눈을 뜨자 독특한 퍼레이드가 펼쳐지고 있었다.

산 사람들이 죽은 사람처럼 분장하고 행진을 했다. 음악을
연주하고 춤을 추는 이들은 형형색색의 해골 탈을 쓰고 있었
다. 거리에 나온 사람들은 멕시코 전통 의상을 화려하게 차려
입고 얼굴에 해골 그림을 그렸다. 겉모습은 무시무시했으나 모
두 흥겨워 보였다. 길가에는 퍼레이드를 지켜보는 관광객이 가
득했다.

"내가 살아 있을 때는 이런 걸 하지 않았는데."

프라다는 의아해하며 퍼레이드에서 눈을 떼지 못했다. 난서
는 이틀 전 할로윈 축제가 떠올랐다. 할로윈은 유령, 마녀, 마법
사, 악마 등 다양한 모습으로 꾸미는 것과 달리, 멕시코 죽은 자
의 날은 대부분 해골 모습으로 분장했다.

그때 옆에 서 있던 관광객 무리의 대화 소리가 들렸다.

"그런데 이 퍼레이드는 언제부터 한 거야?"

"몰랐어? 영화에서 죽은 자의 날 축제의 퍼레이드 장면이 나

오면서 유명해졌어. 원래는 퍼레이드를 안 했는데 영화에서 연출한 거래. 영화를 본 사람들이 우리처럼 퍼레이드를 보러 찾아오게 된 거고, 멕시코는 관광객을 불러 모으기 위해 계속하게 된 거지."

2015년에 개봉한 영화 〈007 스펙터〉는 멕시코의 수도인 멕시코시티에서 열리는 죽은 자의 날 퍼레이드 장면으로 시작한다. 이 영화의 영향으로 2016년부터 죽은 자의 날을 기념하는 퍼레이드를 하게 되었다.

난서는 검색으로 알게 된 사실을 프라다에게 알려 주었다.

"어쩐지, 내가 살아 있을 때는 없었거든. 그래도 재미있는데? 많은 사람이 축제를 즐길 수 있고. 나도 해골 분장을 하고 걸어 보고 싶어."

난서는 유령이 해골 분장을 한 모습을 상상하자 웃음이 나왔다. 참지 못하고 쿡쿡 소리를 내자 프라다도 따라 웃었다.

"내가 예전에 살던 집으로 가보자. 해골이 많이 있을 거야."

난서는 프라다가 찾아낸 기억의 실을 따라 이동했다. 도착한 곳은 화려한 제단이 있는 큰 집이었다.

"제단은 오프렌다라고 불러. 꽃과 해골 장식물로 제단을 장식하곤 해."

알록달록한 멕시코 국화꽃과 해골 장식물 그리고 촛불이 조화를 이룬 제단에서 따뜻함과 화려함이 느껴졌다. 죽음과는 거리가 멀어 보였다.

죽은 자의 날은 과거 멕시코에 있었던 아즈텍 제국에서 숭배하던 죽음의 신 믹틀란테쿠틀리와 그의 아내이자 죽음의 여신인 믹테카키와틀을 숭배하는 풍습에서 유래한 축제다. 멕시코 문화의 영향을 받은 세계 여러 나라에서 열리며 규모가 매우 크다. 제단을 장식하는 해골은 죽은 가족과 그들의 조상을 의미한다.

"옛날에는 죽음의 신을 위한 축제였지만 지금은 살아 있는 사람을 위한 축제가 되었어. 이렇게 즐겁게 장식하고 먹고 마시며 노는 거지. 물론 평소에 잊고 살던 죽은 사람들, 그러니까 가족이나 조상을 기억하고 그 사람에 관해 이야기를 나누면서 현재의 삶을 돌아보는 거야."

프라다는 만족스러운 얼굴로 제단을 둘러보았다. 난서는 고개를 끄덕이며 공감했다. 멕시코의 죽은 자의 날과 한국의 제사가 비슷하게 느껴졌기 때문이다. 물론 분위기는 정반대지만 말이다. 난서는 한국의 제사가 엄숙하게 이루어지는 것과 달리 떠들썩하게 퍼레이드를 하고 화려하게 장식하는 것은 멕시코만의 유쾌한 문화에서 비롯된 것이라고 생각했다.

"오늘 정말 즐거웠어. 예전에는 없던 해골 퍼레이드도 보고. 고마워."

"저도 새로운 멕시코 문화를 경험할 수 있어서 좋았는걸요."

프라다는 처음 만났을 때처럼 따뜻하게 난서를 안아 주었다.

난서는 그날 밤 프라다와 함께 해골 분장을 하고 퍼레이드에 참여하는 꿈을 꾸었다. 퍼레이드의 끝에서 얼핏 할머니의 모습을 본 것 같았다. 난서는 할머니를 찾으려 사람들 사이로 뛰어다니다가 잠에서 깼다.

꿈이었으나 진짜 할머니를 놓친 것처럼 아쉬움이 남았다. 그러나 언젠가 할머니를 만날 거라고 믿었기에 실망하지 않았다.

9

죽어서도
썩지 않도록

이집트의 미라

GO!

"이분은 유령 나이가 많은 분이야. 3000살이 넘으셨어."

월마가 소개한 유령은 3000살이라고 하기에는 너무 어려 보였다. 꽤 젊은 나이에 죽었음을 짐작할 수 있었다.

"반갑구나. 너를 만날 수 있어 기쁘단다. 나는 아문이라고 하노라."

난서는 아문의 말투가 조금 이상하다고 생각했지만 오래전에 살았던 사람이라서 그러려니 했다. 그런데 월마가 귀띔하기를 아문은 고대 이집트의 파라오, 그러니까 왕이었다고 했다.

"괜찮으니라. 그냥 편하게 대해도 된다."

아문은 난서에게 자신의 미라가 있는 곳으로 가자고 했다. 뼈가 아니라 미라를 찾아간다고? 난서는 이제껏 책에서 보아 온 미라의 모습을 떠올리며 흥미로움을 느꼈다.

2021년 이집트의 수도 카이로에 자리한 이집트 박물관에 있던 고대 이집트의 왕 18명과 왕비 4명의 미라를 2017년에 개

관한 문명 박물관으로 옮겼다.

스마트폰 검색으로 이집트 파라오의 미라가 이집트 문명 박물관에 있다는 사실을 확인한 난서는 아문의 손을 잡고 눈을 감았다. 그러자 순식간에 이집트 문명 박물관 안으로 이동했다. 관광객이라면 입장료를 내야 했으나 줄도 서지 않고 들어온 것이었다.

난서와 아문이 찾아간 곳은 이집트 왕들의 미라를 모아 둔 전시실인 왕실 미라 관이었다. 들어가는 입구가 특이하게도 아래쪽을 향해 있었다. 아문은 그 모습을 흥미롭게 보았다.

"내 미라가 있던 피라미드로 들어가는 입구와 비슷한데."

난서는 전시관 한쪽에 있는 설명을 읽었다.

미라는 사후 처리를 해 부패하지 않도록 보존한 시신을 가리킨다. 몸속 수분이 일정량 빠져나가면 시신의 부패가 진행되지 않는다는 사실에서 착안한 방법이다. 미라를 보면 고대 사람들의 영양 상태나 음식, 건강, 의복 등 문화를 알 수 있기에 오래되고 잘 보존된 미라일수록 가치가 높다.

'미라'라는 말은 아주 마르고 기운 없는 사람을 의미하는 포르투갈어 단어 mirra에서 유래했다. 한국과 일본 등 몇몇 나라를 제외하면 밀랍을 의미하는 라틴어 mumia에서 유래한 mummy 등의 단어를 쓰고 있다.

난서는 장례가 죽은 사람을 자연스럽게 사라지게 하는 것이라고 배웠는데 이집트에서는 왜 미라를 만들었는지 궁금했다.

"미라를 만든 건 죽은 사람의 몸이 남아 있어야 다음 세상에서 완전하게 부활할 수 있다고 믿었기 때문이다."

난서가 묻기도 전에 아문이 궁금증을 풀어 주었다. 다른 흥미로운 사실도 알려 주었다. 이집트에서는 범죄자가 부활하지 못하도록 시신을 불태웠다고 한다. 처음 뼈를 찾으러 여행했던 티베트에서 범죄자를 땅에 묻었던 것과 반대였다.

미라는 제작 방식에 따라 크게 두 가지로 나눌 수 있다. 인공적으로 만든 미라와 자연적으로 만들어진 미라다.

인공적인 미라는 시신의 수분을 의도적으로 제거해 만든 것이다. 이집트 이외의 지역에서도 무덤 바깥을 꼼꼼히 막아 공기를 차단하거나 무덤 속에 숯을 넣어 공기를 건조하게 함으로써 미라를 만들기도 했다.

자연적으로 만들어진 미라의 경우, 주로 사막과 같은 극도로 건조한 지역이나 미생물이 살 수 없을 정도로 기온이 낮아 부패가 일어나지 않는 극지방이나 고산지대에서도 발견된다.

미라는 이집트뿐만 아니라 여러 지역에서 발견되었다. 고대 이집트가 가장 뛰어난 기술을 자랑했기에 이집트의 미라가 가장 유명한 것이다.

난서는 파라오 아몬과 왕실 미라 관으로 들어갔다. 아몬은 자기의 미라를 찾아 그 앞에 섰고, 과거의 기억을 되살리려는 듯 한참을 바라보았다. 그동안 난서는 미라를 만드는 방법에 관한 설명을 읽었다. 모두 6단계로 이루어졌는데, 마지막 줄에 미라는 파라오나 귀족과 같은 권력자를 위한 장례 방법이라고 적혀 있었다.

1. 시신을 눕히고 코에 꼬챙이를 넣어 뇌를 헤집으면 얼마 지나지 않아 뇌가 흘러나온다. 이후 약품을 넣어 뇌 속을 깨끗하게 씻어 낸다.

2. 칼로 옆구리를 찢어 폐와 위, 간, 장을 꺼낸다. 심장은 사후 세계에서 심판을 받을 때 필요하므로 꺼내서 특수 처리를 한 다음 다시 넣는다. 뱃속을 깨끗하게 씻어 내고 향신료, 송진, 계수나무 등으로 속을 채운 다음 실로 꿰맨다.

3. 시신을 70일 동안 탄산나트륨에 넣어 수분을 빼낸다.

4. 술과 향유(향기로운 기름)로 시신을 닦아 냄새를 없애고, 각종 향신료로 만든 황금빛 수지를 두껍게 바른다.

5. 고급 리넨에 주문을 빼곡하게 적은 붕대를 시신의 머리부터 발까지 꽁꽁 감는다. 시신과 붕대 사이에는 유품이나 보석 등을 끼워 넣는다.

6. 미라가 완성되면 죽은 사람의 모습을 본뜬 데스마스크를 씌우고 유족에게 돌려준다. 유족은 미라를 부장품과 함께 관 속에 넣고 무덤에 묻는다.

난서는 예전부터 궁금한 것이 있었다. 이집트의 유명한 벽화를 보면 저승에서 죽은 사람의 심장과 깃털을 올려 죄의 무게를 재는 모습이 나오는데, 이때 심장의 무게가 깃털보다 무거우면 괴물에게 잡아먹힌다는 이야기가 있었다. 왜 하필이면 심장일까? 난서가 아몬에게 물어보았다.

"우리는 몸의 중심이 심장이라고 생각했기 때문이니라. 심장에서 우리의 감정과 생각을 통제하지. 그래서 심장에 그 사람의 영혼이 머문다고 믿었던 것이다. 심장이 깃털보다 가볍다는 것은 죄가 없다는 뜻이 되니라."

난서는 한국에서도 '마음이 무겁다' 또는 '마음이 가볍다'라는 표현을 사용한다는 것이 떠올랐다. 흔히 마음은 가슴이나 심장에 있다고 여긴다는 점에서 이집트와 우리나라가 이어져 있다는 생각이 들었다.

"예전의 기억을 찾으셨나요?"

난서가 묻자 아몬은 그저 미소 지었다. 난서는 왠지 그 마음을 알 것 같았다.

이들은 유령클럽에서 헤어졌다. 난서는 가벼운 마음으로 방으로 돌아왔고, 창문을 열어 짙게 깔린 어둠을 바라보았다.

긴 시간 여행으로 잠이 오지 않자 이집트에 관해 더 알아보기로 했다. 인터넷 검색을 하다가 티베트와 함께 고대 이집트 시대의 죽음을 다룬 경전이라고 할 수 있는 《죽은 자의 책(사자의 서)》이 있다는 것을 알았다. 미라도 이 경전에 따라 만들기 시작한 듯했다.

난서는 이집트가 세계 문명이 생겨난 네 곳 가운데 하나인 것도 놀랍고, 먼 옛날부터 죽음을 연구하고 진심으로 죽음을 마주했다는 것도 대단하다고 생각했다.

10

장례식까지
24시간 카운트다운

이슬람의 장례 문화

GO!

난서가 유령클럽에 들어가자 저만치서 수염이 덥수룩하고 비니처럼 생긴 모자를 쓴 남자와 히잡을 두른 여자가 함께 서 있는 모습이 보였다. 난서는 무슬림 여성이 머리와 상반신을 가리기 위해 쓰는 히잡을 알고 있었기에 두 사람을 이슬람교 신자로 짐작했다.

"오늘은 뜨거운 사막이 있는 중동으로 갈 거야. 저 두 분을 따라가면 돼. 압둘라 씨와 밀락 씨를 소개할게."

언제부터 있었는지 윌마가 난서 뒤에서 나타났다. 압둘라와 밀락이 자기들은 부부이고, 요르단이 고향이라고 소개했다.

요르단의 정식 이름은 요르단 하심 왕국으로 왕이 다스리는 입헌군주국이다. 이슬람교 신자가 90퍼센트를 차지하고 아랍어를 사용한다. 지리적으로는 이라크, 팔레스타인, 사우디아라비아와 같은 여러 이슬람 국가 그리고 이스라엘과 국경을 맞대고 있다. 국토의 80퍼센트가 사막지대로 땅이 건조하고 척박하다.

"우리가 묻혀 있는 곳은 요르단의 마안이라는 도시야."

난서는 스마트폰에서 마안의 지도를 찾아 압둘라와 밀락과 함께 이동했다. 눈을 뜨자 낮은 건물이 줄지어 있었고, 멀리 이슬람의 예배당인 모스크가 보였다. 저 멀리에는 나무가 거의 없는 붉은 산이 터잡고 있었다.

압둘라와 밀락은 도시의 이곳저곳을 걸어 다녔다. 난서는 주위를 구경하며 그들의 뒤를 따랐다.

"우리가 죽은 지 20년이 되었는데 별로 바뀐 것이 없네. 이제 우리가 묻힌 곳으로 가자."

두 유령은 손을 모아 기억의 실을 찾았다. 곧 난서와 함께 도시 외곽에 있는 묘지로 향했다. 넓은 묘지에는 흙을 다져 다른 곳보다 조금 높게 만든 무덤이 빼곡하게 들어차 있었다. 압둘라와 밀락은 몇 차례 두리번거리더니 자기들의 무덤을 찾았는지 한곳을 향해 성큼성큼 걸어갔다.

작은 비석에는 압둘라와 하지즈라는 이름이 새겨져 있었다.

"하지즈는 아버지의 이름이야. 요르단에서 여자들은 아버지의 이름을 쓰거든."

밀락 말에 따르면 중동은 사막이 많은 거친 자연환경 때문에 여성이 살기 힘든 곳이었다. 그래서 남자들의 도움이 다른 지역보다 많이 필요했다. 그 과정에서 한 남편이 여러 아내를 두는 혼인 제도인 일부다처제, 히잡이나 차도르 등 여성이 외출할 때 얼굴이나 신체를 가리는 천을 쓰는 풍습 등이 생겨났다. 밀락이 여기까지 설명했을 때, 압둘라가 끼어들었다.

"이슬람 국가들은 장례를 하루 안에 치러야 해."

이슬람교에서 죽음은 이승과 저승을 연결하는 과정으로, 강에 놓인 다리와 비슷하다. 죽음은 끝이 아니라 새로운 시작이고 고통에서 해방되어 기쁨을 얻는 일과 같다. 따라서 누군가 죽었다고 해서 큰 소리를 내어 울거나 옷을 찢는 등 과격하게 슬픔과 고통을 드러내는 행위는 금지된다. 물론 조용히 흐느끼는 것은 인정된다.

"왜 하루 만에 장례를 치러요? 이유가 있나요?"

"사람이 죽으면 몸과 영혼이 나뉘거든. 영혼을 저승으로 빨리 보내 줘야 한다고 생각하는 거지. 그래서 24시간 이내에 간단하게 장례를 치르는 거야. 그리고 몸과 영혼이 나뉜 후에도 오랫동안 서로 이어져 있다고 믿기 때문에 육체를 태우는 화장을 하거나 시신을 상하게 하는 일은 못하게 해."

압둘라와 밀락은 자기들이 죽었을 때를 떠올리며 이슬람에서 장례를 치르는 과정을 알려 주었다.

1. 죽음이 찾아오면 몸을 씻고, 얼굴을 이슬람의 성지인 메카가 있는 곳으로 향한 상태에서 신앙고백 구절(샤하다)을 낭송한다. 기운이 없어 스스로 할 수 없을 때에는 가족이나 친척이 대신한다.

2. 세상을 떠나면 얼굴이나 머리를 메카로 향하게 하고 눈을 감긴 다음 입을 다물게 한다. 발목을 묶고 두 손을 가슴 위에 둔다. 장의사가 염을 하고 무명으로 만든 천이나 자루로 여러 겹 감싼다.

3. 아침에 죽은 사람이 떠날 때 친척과 이웃도 함께 모스크로 향한다.

4. 모스크에서 낮 예배가 끝나면 장례 예배를 하고 장지로 향한다. 이때 가장 앞에 가난한 사람들이 샤하다를 읊으며 걸어가고 친구와 초대받은 사람들, 어린아이와 여자가 그 뒤를 따른다.

5. 시신은 관 없이 매장한다. 미리 파둔 넓은 묘실(무덤 속의 방)에 얼굴을 메카 방향으로 둔 다음 큰 돌이나 석판으로 덮는다. 묘실은 3~4명을 매장할 정도로 크게 만드는데, 한 세대가 지난 뒤에 다른 가족을 함께 묻는 관습 때문이다. 마지막으로 돌이나 석판 위에 흙을 다져서 올리고 누구의 무덤인지 표식을 한다.

6. 장례에 참석한 사람들은 묘지 위의 흙을 만지며 작별 인사를
   한다.

7. 장례 후 3일 동안 이슬람교 경전인 쿠란을 낭송하고, 40일
   동안 여러 추모 행사가 이루어진다.

난서는 이슬람 지역의 장례가 종교적인 성격이 강하다고 느꼈다. 머리를 메카 쪽으로 두거나 신앙고백을 반복하는 것도 그랬다. 밀락은 샤하다는 "알라 외에 다른 신은 없습니다. 무함마드는 그분의 사도입니다"라는 두 문장으로 이루어진다고 했다.

난서는 이슬람 장례에 관해 궁금한 것을 더 물어보았다.

"한국에서는 장례식에 찾아온 조문객에게 식사를 대접하거든요. 육개장, 떡, 편육 같은 음식을 술과 함께 내놓아요. 이슬람 장례식에서도 상차림을 하나요?"

밀락이 입을 가리고 웃었다.

"이슬람은 술을 금지하니까 술은 없어. 돼지고기도 먹지 않으니 편육도 없겠지?"

이슬람 지역에서는 장례식 당일에 유족이 음식을 만들지 않고 대접하지도 않는다. 음식은 이웃들이 나누어 해온다. 장례 다음 날 여러 음식을 해서 무덤에 방문하고, 그 음식을 주변의 가난

한 사람에게 나누어 준다. 유족은 40일 추모 기간 동안 금요일마다 가족과 친척이 모여 음식을 만들고 추모하는 행사를 한다.

난서는 한동안 묘지에 머물면서 압둘라와 밀락이 살아온 이야기를 들었다. 무덤에 뼈가 잘 보존되어 있어서 그런지 기억도 생생했다. 해가 질 무렵이 되어서야 난서와 두 유령은 유령클럽으로 돌아왔다.

여행을 마친 난서는 여전히 이슬람교의 장례식에 대해 생각했다. 장례식에 마을 사람들이 참여하는 것도, 음식을 만들어 오는 것도 좋았다. 가까운 사람이 죽어서 여유가 없는 유족들이 음식을 차릴 시간에 충분히 슬퍼하며 죽은 사람을 배웅할 수 있을 것 같았다. 더욱이 오랫동안 알고 지냈던 사람들이 장례에 함께해 주면 떠나는 길이 외롭지 않겠다 싶었다.

일부 이슬람교 신자들이 폭력을 일삼는 것을 뉴스로 봐왔던 난서는 솔직히 이슬람교에 대한 편견이 조금 있었다. 그런데 실제로 이슬람 지역에 가보고, 압둘라와 밀락을 만나 깊은 대화를 나눠 보니, 모든 이슬람교 신자가 다 그런 것은 아니라는 사실을 깨달았다.

사회 수업 시간에 선생님이 한 말씀이 떠올랐다.

"종교, 인종, 세대와 관계없이 모두가 주어진 환경에 맞춰 애쓰며 살아간단다."

　난서는 그곳이 중동이든 미국이든 우리나라든 사람의 삶과
죽음은 다 비슷하다고 생각하며 잠자리에 들었다.

11

무덤에서 꺼낸
뼈들과 한바탕 축제

마다가스카르의
파마디하나

GO!

다음 여행지는 한국과 멀리 떨어진 아프리카였다. 난서가 유령 클럽을 찾았을 때 월마와 함께 한 남자가 나타났다. 남자는 마다가스카르에서 왔다고 했다. 난서는 〈마다가스카의 펭귄〉이라는 미국 애니메이션 영화를 재미있게 본 기억이 있어서 나라 이름이 낯설지 않았다.

"내 이름은 마하카야. 아직 죽은 지 얼마 안 되는 초보 유령이지. 오늘 잘 부탁해. 참고로 마다가스카르는 동물이 살기에 아주 좋은 곳이야. 죽은 사람이 살기도 좋고. 흐흐."

난서는 죽은 사람이 살기 좋다는 말이 잘 이해가 안 됐다. 그 표정을 본 마하카는 설명을 듣기보다는 직접 보는 게 좋을 것이라고 했다.

마하카는 마다가스카르의 삼바바라는 지역으로 가자고 했다. 난서는 스마트폰에서 삼바바를 검색했다. 마다가스카르섬 북쪽에 있는 도시였다.

마다가스카르는 세계에서 4번째로 큰 섬으로 한국 국토 면적의 약 4배에 달한다. 또한 전 세계 바닐라 시장의 80퍼센트를 차지하는 것으로 유명하다.

마다가스카르를 개척한 것은 아프리카가 아닌 인도네시아에서 건너온 사람들이었다. 그래서 동남아시아 말레이반도와 태평양의 섬에서 쓰는 언어와 연관이 깊은 말라가시어와 프랑스어(과거 프랑스의 식민지였다)를 공용어로 사용한다.

마다가스카르는 세계 생물종의 5퍼센트가 서식하는 생태계의 보고이기도 하다. 이곳에 서식하는 생물 75퍼센트가 특산종일 정도로 다양한 동물이 살고 있다.

손을 맞잡은 난서와 마하카가 삼바바에 도착했다.

"오늘 죽은 사람을 무덤에서 꺼내 축제를 벌일 거야. 마다가스카르에서는 이 축제를 파마디하나라고 불러."

"파마디하나가 무슨 뜻이에요?"

"죽은 자가 돌아온다는 뜻이야. 정확하게 말하면 뼈가 돌아온다는 거고. 말 그대로 죽은 사람의 뼈가 살아 있는 세계로 돌아오는 거지."

"죽은 사람은 움직일 수 없는데 어떻게 돌아와요?"

난서는 어리둥절했다. 죽은 사람과 살아 있는 사람이 어떻게 함께 축제를 벌인다는 걸까?

마하카는 난서를 자기 무덤이 있는 곳으로 데리고 갔다.

파마디하나는 먼 옛날부터 이어져 온 축제. 2년 또는 7년에
한 번 시신을 묻은 토굴에서 유골을 꺼내 향수나 포도주로 닦는
다. 그것을 비단에 싸서 축제가 행해지는 장소로 가져오면서 축
제가 시작된다.

"왜 굳이 무덤에서 시신이나 뼈를 꺼내는 거예요? 그냥 무덤
에 둔 채로 그 앞에서 절을 하거나 축제를 하면 되잖아요."

마하카는 무덤에서 죽은 사람을 꺼내는 것은 직접 만나 예전
처럼 어울려 즐겁게 놀기 위해서라고 설명했다.

"우리는 뼈가 완전히 사라지기 전까지 죽은 사람이 세상을
떠나지 않고 우리 주변에 머물며 함께 살아간다고 생각하거든.
그러니까 너희 나라에서 친척들이 한자리에 모여서 명절을 보
내거나 졸업한 친구들과 동창회를 하는 것처럼 날짜를 정해서
다 같이 모여서 노는 거지."

마하카는 뼈가 남아 있으면 살아 있는 사람과 대화할 수도 있
다고 덧붙였다. 난서는 죽어도 죽은 게 아니라는 것이 이럴 때
쓰는 말일까 싶었다.

"그럼 뼈가 모두 사라지면 어떻게 되는데요? 진짜 죽음이 찾아오나요?"

마하카는 고개를 갸우뚱하더니 싱긋 웃었다.

"진짜 죽음은 또 뭐야? 뼈가 모두 사라지면 조상의 세계로 가서 조상들과 함께 사는 거지."

마하카 말에 따르면 죽음은 없었다. 누군가 죽었다고 해서 슬퍼할 일도 없는 것이다. 그렇기에 파마디하나는 흥겨운 축제였다. 마하카는 축제의 순서를 알려 주었다.

2일 동안 열리는 파마디하나 축제를 위해 사람들이 모인다. 멀리서 찾아오는 사람도 있다. 유족들이 모이면 토굴에서 유골을 꺼내 마을로 가져간다. 사람들은 매장할 때 시신에 입혔던 수의를 벗기고 비단으로 만든 새 옷을 입힌다. 이때부터 본격적으로 축제가 시작되는데, 유족과 마을 사람들은 나팔을 불고 흥겹게 춤을 춘다. 사람들은 시신에게 그동안 가족에게 일어난 이야기를 해주거나 담배를 입에 물려 주기도 한다. 이렇게 한바탕 놀고 나면 축제가 마무리된다.

"축제는 언제 끝나요? 끝나면 시신은 어떻게 하고요?"
"축제는 해가 서쪽에 있는 산으로 넘어가기 전에 끝내야 해.

어둠이 찾아오기 전에 마쳐야 하지."

　마하카는 축제가 끝나면 유골은 무덤으로 돌아가며, 죽은 사람을 다시 묻을 때 관에 돈과 술을 넣어 준다고 했다. 난서는 많은 나라에서 예부터 시신을 매장할 때 '노잣돈'이라고 해서 눈위나 치아 사이에 돈을 넣어 주었다는 내용을 책에서 읽은 적이 있었다.

　아까부터 마하카의 눈이 한곳에 머물러 있었다. 난서가 그 시선을 따라가 보니 양복을 입은 시신이 담배를 물고 앉아 있고, 그 옆에서 젊은 여성이 술을 권하며 말을 거는 모습이 보였다.

　마하카는 난서의 시선을 느꼈는지 뒤돌아보며 말했다.

　"저 시신이 바로 나야. 말을 걸고 있는 건 라나, 내 딸이고."

　마하카는 천천히 그곳으로 걸어가서 딸을 껴안았다. 물론 라나는 아무것도 모른 채 미소 지으며 죽은 아버지에게 속삭였다. 마하카는 기쁜 표정으로 아는 사람들의 뺨을 어루만지거나 포옹했다. 난서는 한참이나 그 모습을 지켜보았다.

　해가 지기 전에 여행을 마쳤다. 유령클럽에서 자기 방으로 돌아온 난서는 파마디하나 축제에 대해 찾아보았다.

　파마디하나 축제는 점차 줄어들고 있다. 가장 큰 이유는 비용 문제다. 축제에 찾아온 수백 명의 손님에게 식사를 대접하고 시신에게 갈아입히는 비단옷을 마련하는 등 돈이 많이 들기 때문이다. 가난한 사람들은 이 축제를 위해 몇 년씩 돈을 모아야 한다.

다른 이유로는 죽음을 다루는 기독교를 비롯한 여러 종교의 거센 반대가 있다. 결정적으로 최근 마다가스카르를 덮친 폐 질환 전염병이 파마디하나 축제의 시신에서 생겨났다고 의사들이 지적하면서 축제가 지속되기 어려워졌다. 실제로 마다가스카르 정부는 파마디하나 축제에서 유골을 꺼내지 못하게 하고 있으나 주민들은 은밀하게 의식을 치르는 경우가 많다고 한다.

난서는 죽은 사람을 잊지 않고 살아가는 모습을 보여 주는 파마디하나 축제가 계속되길 바랐다. 누군가는 이 축제가 미신에 지나지 않는다고 비난할지 모르나 마다가스카르 사람들이 오랫동안 이어 온 전통이 사라지지 않으면 좋겠다고 생각했다.

물론 위생 문제를 생각해 오늘날 발달한 과학의 도움을 받아야 할 것이다. 비용이 많이 드는 부분은 줄이고 전염병이 퍼지지 않도록 주의하면서 말이다. 너무 꿈같은 이야기일까. 난서는 감기는 눈꺼풀을 이기지 못하고 꿈속으로 빠져들었다.

12

매일 찾아가는
도시의 무덤가

일본의 납골당

GO!

"어제는 멀리 아프리카까지 다녀왔으니 오늘은 가까운 나라로 가볼까?"

윌마가 유령클럽에 나타난 난서를 반겼다.

"어차피 눈을 감았다가 뜨면 어디든 갈 수 있는데 가깝고 먼 것에 무슨 차이가 있나요?"

"오호, 우리 유령 세계와 너무 가까워진 것 아냐? 그러다가 여기서 살게 될 수도 있어. 하하. 아마 너는 100년은 지나서야 오겠지. 물론 우리에게 100년은 별것 아니지만."

윌마의 말에 난서의 표정이 조금 심각해졌다. 100년 뒤의 죽음이라니. 아직 먼 이야기였으나 갑자기 죽음이 가까운 현실처럼 다가온 것이다. 낌새를 알아챈 윌마는 얼른 손을 흔들어 누군가를 불러냈다.

"오늘 여행할 유령을 소개할게. 일본에서 온 사쿠라기 씨."

귀여운 얼굴의 젊은 여성이 난서를 향해 해맑게 웃어 보였다. 곧이어 경쾌한 목소리로 인사하며 손을 내밀었다.

"반가워, 난 사쿠라기 유키라고 해. 유키라고 부르면 돼. 유령이 된 지 2년밖에 안 됐는데 엄마가 너무 보고 싶어서 말이야. 윌마 씨한테 뼈를 찾으러 가고 싶다고 떼썼어."

유키는 22년을 살았다고 했다. 그러니까 22살에 죽었다는 뜻이었다. 집으로 가는 길에 교통사고를 당해 그 자리에서 세상을 떠났다고 담담하게 이야기했다.

"엄마와 제대로 인사도 하지 못했어."

일본은 아시아 동쪽 끝에 자리한 섬나라다. 한국과 이웃해 있어 충돌이 많으며 역사적으로 다양한 교류가 이루어져 왔다. 한국과 일본은 지리적으로 가까워 비슷한 문화를 공유하고 있으나 섬과 반도라는 지형적인 차이에서 다른 점도 많다.

난서는 유키가 살았던 일본의 수도 도쿄의 지도를 검색했다. 사실 지도를 보지 않아도 어디쯤에 있는지 알고 있었다. 난서는 유키의 손을 잡고 잠시 눈을 감았다가 떴다. 도착한 곳은 한적한 주택가였다. 거리 풍경이 한국과 크게 다르지 않았다. 유키는 한곳을 가리켰다.

"저기가 우리 집이야."

난서와 유키는 문을 열지 않고도 가뿐히 집 안으로 들어왔으나 인기척이 없었다. 집에 아무도 없는 듯했다. 현관 한쪽에는 작은 제단이 있었다. 난서가 그것을 보고 있자 유키가 설명해 주었다.

"그건 가미다나라고 해. 일본 사람들 집에 대부분 있어."

'가미다나'는 가정집이나 사무실 등에서 신을 모시기 위해 마련한 선반이나 제단이다. 집에 마련한 작은 신사라고 할 수 있다. 천장 근처에 남쪽이나 동쪽을 향해 높게 설치하고 부적과 여러 도구로 장식한다. 가미다나를 두는 목적은 집안의 건강과 행복을 기원하기 위해서다.

"엄마를 기다려야겠는데. 그 전에 내 뼈가 어디 있는지 찾아볼까?"

유키는 두 손을 모아 기억의 실을 찾았다.

"어, 이상한데. 왜 저쪽이지? 저쪽으로 가면 전철역이 있는 번화가인데."

난서는 일단 가보자고 했다. 기억의 실은 이들을 전철역 바로 앞에 있는 어느 빌딩 앞으로 이끌었다. 빌딩 한편에 한자 네 글자로 된 간판이 보였다. 유키가 '도쿄고뵤'라 읽는다고 알려 주었다.

유키는 의아하다는 듯이 중얼거렸다.

"고뵤라는 말은 신주를 모신 사당이라는 뜻이야. 왜 빌딩에 사당이 있는 거지? 설마 여기가 납골당인가?"

"납골당이요?"

유키는 일본 사람들은 죽으면 대부분 화장을 한다고 했다. 화장을 하는 이유는 불교의 영향이었다. 납골당은 화장하고 남은 뼈인 유골을 모시는 곳인데, 한국에서는 주로 '봉안당'이라 부른다고 했다.

도쿄고뵤라는 건물에 들어가자 한쪽 벽에 일본의 장례 절차를 설명하는 글이 붙어 있었다.

일본에서는 사람이 죽으면 24시간 이내에 화장할 수 없도록 법으로 정해져 있다. 따라서 자택이나 장례식장 안치실에 시신을 모셔 염을 하고 수의를 입혀 관에 모신다. 일본의 장례는 엄숙하게 진행되기에 소리 내어 울어서는 안 된다.

그날 밤 가까운 사람들이 모여서 고인을 애도하는 의식을 치른다. 이때 향을 피우고 죽은 사람과 마지막 인사를 나눈다. 과거에는 밤을 새우며 했으나 최근에는 그렇게 하지 않는다.

시신을 화장한 후에 간단한 음식이 나오는데 이때 조금이라도 먹는 것이 예의다. 장례식에 참여한 사람에게 답례로 주는 소금은 집으로 들어가기 전 나쁜 기운을 털어 낼 때 사용한다.

"엄마다!"

유키가 큰 소리로 외쳤다. 물론 난서 말고는 아무도 듣지 못
했다. 유키의 어머니는 안내 데스크에 있는 직원에게 카드를 건
네고 2층으로 올라갔다. 난서와 유키는 유키 어머니의 등 뒤에
바짝 붙어서 따라갔다. 유키는 자꾸만 손을 뻗어서 엄마를 잡으
려 했다.

유키 어머니가 향한 곳은 한쪽에 마련된 참배 장소였다. 얼마
후 유키 어머니 앞으로 작은 유골함 하나가 밀려 나왔고, 그 옆
에는 사쿠라기 유키라고 적힌 명패와 유키의 얼굴이 있는 영정
이 있었다. 유키 어머니는 손을 뻗어 영정을 어루만지면서 나지
막이 유키의 이름을 불렀다.

"엄마, 나 여기 있어."

유키는 눈물을 흘리며 소리쳤다. 하지만 어머니의 귀에 들릴
리 없었다. 난서는 그런 유키의 손을 대신 잡아 주었다. 난서와
유키는 나란히 유키 어머니를 지켜보았다. 참배를 마친 유키의
어머니가 구석에 놓인 의자에 앉았다. 여전히 눈물을 흘리고 있
었다.

난서는 유키가 어머니와 단둘이 시간을 보내도록 자리를 비

켜 주었다. 그리고 납골당의 다른 곳들을 둘러보았다. 1층 입구 쪽에 이 건물이 세워진 배경에 대한 글이 붙어 있었다.

최근 대도시에 유골을 모시는 납골당이 늘어나고 있다. 도심형 (빌딩형) 납골당은 묘지보다 면적을 적게 차지해서 경제적 부담도 적고, 집과 가까운 곳에 있어서 찾아가기 쉽다는 장점이 있다. 집과 가까워 시장을 보러 나왔다가 들르기도 하고, 매일 찾아오는 사람도 있다. 먼 곳에 있는 유골을 옮겨 오거나 죽기 전 미리 자리를 예약하는 사람도 많다.

난서는 할머니의 무덤이 먼 지역에 있어서 명절 때가 아니고서는 가지 못하는 것을 속상해 했다. 그런데 도심형 납골당처럼 할머니를 집과 가까운 곳에 모신다면 자주 찾아갈 수 있으니 좋을 것 같았다.

난서가 할머니를 추억하는 사이 유키가 돌아왔다.

"이제 가자. 엄마 얼굴을 실컷 보고 만졌거든."

유키의 해맑은 얼굴 위로 슬픔이 여전했다. 난서는 그런 유키의 손을 잡고 유령클럽으로 향했다.

방으로 돌아온 난서의 머릿속에 자신을 볼 수 없는 엄마를 지켜보던 유키의 모습이 그려졌다. 곧 할머니가 살아 있을 때의 모습이 떠올랐다. 어쩌면 할머니도 유키처럼 내가 모르는 사이에 나를 지켜보고 있지 않을까? 난서는 그날 밤 쉽게 잠을 이루지 못했다.

죽은 사람이
살아가는 집

제주도의 산담

GO!

유령클럽이 열리는 0시를 기다리던 난서는 깜빡 잠이 들었다가 놀라서 깼다. 시계를 보니 다행히 11시 58분이었다. 돌아가신 할머니가 난서의 이름을 부르는 소리를 듣는 순간 꿈에서 깬 것이다.

유령클럽에 들어서자 윌마가 한복을 곱게 차려입은 할머니 한 분과 서 있는 모습이 보였다. 윌마가 난서를 향해 손을 흔들었다.

"이 친구가 난서예요. 그리고 이분은 양옥분 씨! 너와 같은 한국에서 오셨고, 고향은 제주도셔."

"제주도에 가보고 싶었는데!"

양옥분 할머니는 빙그레 미소를 지었다. 할머니는 고향인 제주도 서귀포로 가자고 했다. 난서는 재빨리 서귀포를 검색해서 지도를 찾았고, 윌마에게 인사한 다음 할머니의 손을 잡았다.

서귀포는 제주도 남쪽에 있는 행정 구역으로 한반도 가장 남쪽에 있는 도시다. 제주도의 유명 관광지는 대부분 서귀포에 몰려 있다. 서귀포라는 이름은 중국 진나라 때 진시황으로부터 불로초(평생 늙지 않고 살게 하는 전설의 식물)를 찾아오라는 명령을 받은 서복이라는 사람이 왔다가 '서쪽으로 돌아간 포구'라는 뜻에서 유래했다.

난서와 양옥분 할머니가 도착한 곳은 서귀포시에 있는 정방폭포였다.

"예전에 가족들이랑 놀러 왔던 게 기억나서 여기로 오자고 했어."

정방폭포는 큰 소리를 내면서 높은 곳에서 쏟아져 내리고 있었다. 난서는 엄청난 크기의 폭포를 보고 있으니 가슴이 탁 트였다. 곧 양옥분 할머니가 두 손을 모아 기억의 실을 찾아냈다. 그 실을 따라 찾아간 곳은 동쪽에 있는 좌보미오름이었다.

생긴 것은 야트막한 언덕 같았다. 낯선 지형에 난서는 스마트폰에서 오름을 검색했다. 오름은 제주도 곳곳에 있는 기생화산으로, 커다란 화산 옆쪽에 붙어서 생긴 작은 화산이었다. 오름이라는 이름은 제주도 말로 '작은 산'이라는 뜻이었다.

양옥분 할머니가 기억의 실을 따라 몸을 가볍게 띄우고는 오름을 오르기 시작했다. 난서도 그 뒤를 따랐다. 얼마 안 가 널따

란 땅에 현무암을 쌓아 만든 담들이 줄지어 있는 것이 보였다. 네모지게 둘러싼 각각의 돌담 안에는 봉긋한 봉분이 있었다.

제주도에서는 죽은 사람을 정중하게 모셨기에 무덤을 만들 때도 정성을 다했다. 제주도 사람들은 무덤 만드는 일을 '산을 쓴다'고 표현했다. 다시 말해 무덤을 '산'이라고 불렀다. 무덤은 오름뿐만 아니라 밭이나 과수원 등에도 만들었다.

"내 뼈가 저곳에 있는 모양이다."

양옥분 할머니는 여러 개의 돌담 가운데 하나를 가리켰다. 그 앞으로 다가가자 현무암으로 만든 돌담 안에 봉분이 하나 있었다.

"이 돌담을 산담이라고 불러."

무덤을 '산'이라고 부르기에 무덤을 에워싼 담을 '산담'이라고 부른다는 것이다. 난서는 왜 무덤을 돌로 두르는지 궁금했다. 유령들과 함께 세계 곳곳을 다녔으나 제주도처럼 무덤 주변에 돌을 쌓는 것은 처음 보았기 때문이다.

산담은 제주도의 자연환경을 잘 활용한 것이다. 예부터 제주도는 바람과 여자, 돌이 많아서 삼다도(세 가지가 많은 섬)라고 불렀다. 산담은 제주도에서 흔한 돌인 현무암을 이용해 무덤을 꾸민 것이다. 무덤 주변에 산담을 만든 데는 여러 가지 이유가 있다.

1. 제주도에는 흙이 적기에 무덤의 봉분이 바람에 날아가지 않게 담을 쌓아 막고자 했다.

2. 제주도에서는 말이나 소를 풀어놓고 키우기에 말과 소가 무덤을 훼손하지 못하게 하고자 했다.

3. 가끔씩 발생하는 산불이나 병충해가 일어나지 못하게 막고자 했다.

양옥분 할머니는 제주도에서는 다양한 용도로 돌담을 쌓는다고 했다. 초가집 바깥에 쌓는 축담, 집으로 들어가는 골목에 쌓는 올렛담, 밭과 밭 사이의 경계에 쌓는 밭담, 가축을 풀어놓기 위해 성벽처럼 길게 쌓은 잣담 등이 있다고 알려 주었다.

"제주도 사람들은 담 쌓는 것을 아주 좋아하거든. 돌이야 얼마든지 있으니까. 무덤도 죽은 사람에게는 집이니까 담을 만든 거지."

산담에는 '시문' 또는 '신문'이라고 부르는 출입문이 있다. 보통 작은 통로를 내고 그 위에 넓은 돌을 지붕처럼 얹어 만든다. 문의 위치는 죽은 사람의 성별에 따라 다르다. 무덤 정면에서 볼

때 남자는 오른쪽, 여자는 왼쪽에 시문을 둔다. 만약 시문이 없다면 그 자리에 작은 돌계단을 놓는다. 시문은 죽은 사람의 혼령이 집으로 찾아오기를 바라는 마음에서 만들었다.

난서는 양옥분 할머니의 손을 잡고 산담 안으로 들어갔다. 담 안쪽에는 양옥분 할머니의 무덤이 있었다. 할머니는 무덤가에 앉아서 눈을 감고 생각에 잠겼다. 난서는 주변을 살펴보았다. 담 가까이 서니 맨 위가 가슴께에 닿았다.

처음 산담은 단순히 주변으로부터 보호할 목적으로 쌓았는데, 차츰 집안의 힘이나 돈을 과시하기 위해 두껍고 크게 쌓았다. 그러다가 높이 1미터의 사각형 모양으로 만들게 되었다.

"이곳에 오니까 옛날 기억이 나. 가난해서 먹을 것이 부족했지만 서로를 아끼는 마음은 넘쳐났지."

양옥분 할머니는 제주도에서 지슬(감자)을 나눠 먹던 이야기부터 바당(바다)에 들어가 해산물을 잡던 이야기까지 이런저런 추억을 들려주었다.

"그 일만 없었다면 모두 행복했을 텐데, 다들 사이좋게 살고 있었는데…. 그때 많이 죽었어."

양옥분 할머니는 과거에 아주 불행한 일이 일어났다고 담담한 목소리로 이야기했다. 난서는 일제로부터 해방된 8.15 광복부터 6.25 전쟁 이후까지 제주도에서 많은 사람이 죽었다는 것을 기억해 냈다. 제주 4.3 사건이었다. 난서는 마음이 저려 말없이 양옥분 할머니를 물끄러미 바라보았다.

"그래도 지금은 세상이 훨씬 좋아진 것 같아서 다행이야. 옛 기억도 잔뜩 얻었으니 이제 돌아갈까?"

양옥분 할머니는 이곳에 올 때보다 훨씬 밝아 보였다. 난서도 덩달아 기분이 좋았다. 둘은 손을 꼭 잡았고, 유령클럽에 돌아오면서 여행은 마무리되었다.

방으로 돌아온 난서는 제주도를 좀 더 알아보기 위해 인터넷 검색을 하다가 특이한 정보를 발견했다. 제주도 서귀포에는 '벌초 방학'이라는 임시 휴교일이 있었다고 한다. 제주도에서는 무덤의 풀을 깎는 벌초를 매우 중요하게 여겼다. 그래서 벌초하는 어른들을 아이들도 돕기 위해 모든 학교가 하루를 쉬었다. 벌초 때가 되면 다른 지역으로 이사 간 사람까지 제주도를 찾아오기도 했다.

난서는 아빠가 친척들과 벌초를 하러 가던 것이 떠올랐다. 그때마다 번거로운 일 같다고 생각했는데 다른 시선으로 바라보게 되었다. 무덤이 죽은 사람의 집이라면, 벌초는 사랑하는 가족이 죽은 후에 사는 집을 돌보는 일 같았다. 그런 생각이 드니 다음 할머니 무덤을 벌초할 때는 꼭 아빠를 따라가야겠다는 결심이 섰다. 제주도 사람들이 죽은 사람을 정중하게 모시는 마음을 어렴풋이 이해할 수 있었다.

14

개성 넘치는
셀프 관 꾸미기

가나의 팬시 관

GO!

난서가 유령클럽과 여행을 떠나기 시작한 지도 꽤 오래되었다. 다양한 나라에 살던 유령들과 세계 곳곳을 여행하는 것도 즐거웠고, 그 과정에서 새롭게 배우고 당연하게 받아들였던 생각들이 바뀌는 것도 재미있었다.

오늘도 난서는 어디를 여행할지 잔뜩 기대하며 유령클럽에 들어갔다. 평소처럼 윌마가 난서를 기다리고 있었다. 그런데 윌마 혼자뿐이었다.

"오늘은 뼈를 찾으러 가는 분이 없어요? 이제 여행이 끝난 건가요?"

"그럴 리가!"

윌마는 장난스럽게 웃으며 손가락으로 자기를 가리켰다.

"오늘은 내가 갈 거야."

난서는 놀라서 입이 벌어졌다. 윌마가 자기 뼈를 찾으러 갈 거라고는 생각하지 못했기 때문이다.

"다른 유령들이 고향 가는 걸 보니 부럽더라고. 그래서 나도 가보려고."

난서는 윌마에게 고향이 어디인지 물었다.

"아주 먼 곳에 있어. 아프리카에 있는 가나라는 나라지."

가나는 아프리카 서쪽에 있는 나라로 정식 이름은 가나 공화국
이다. 아프리카에서 3번째로 독립했으며, 약 70퍼센트가 기독
교를 믿고 20퍼센트가 이슬람교를 믿는다. 공용어는 영어이나
주변 나라의 영향으로 프랑스어도 많이 사용한다.

윌마는 가나에 있는 쿠마시라는 도시에 살았다고 했다. 난서
는 곧바로 지도를 찾아 윌마와 쿠마시로 향했다. 쿠마시는 가
나에서 인구가 가장 많은 도시이자 기독교인이 가장 많은 도시
였다.

"아름다운 꽃과 다양한 식물이 살아서 정원 도시라고도 불리
지. 여전히 아름답네."

윌마는 자신의 고향을 자랑스러워하며 말했다. 발걸음을 옮
기며 기억의 실을 찾던 윌마가 곧 난서의 손을 잡고 도시 외곽
으로 향했다. 도착한 곳은 묘지가 아니라 건물이었다.

"여기가 어디예요?"

"관을 만드는 곳이야. 재미있는 걸 보여 주려고 여기로 왔어."

가나에서는 대체로 일반적인 관을 사용하지만, '팬시(fancy) 관'이라고 해서 죽은 사람이 평소에 좋아한 물건이나 죽은 사람의 직업을 나타내는 모양으로 관을 만들기도 한다. 예를 들어 죽은 사람이 생전에 목수였다면 망치 모양으로 관을 만든다. 또 생전 즐겨 먹던 음식을 본떠 초콜릿 바, 콜라 캔 모양의 관을 만들기도 하고, 심지어 100달러짜리 지폐처럼 관을 만들기도 한다.

건물 안에는 다양한 모양의 관들이 놓여 있었다. 난서는 처음 보는 광경에 깜짝 놀랐다. 흔히 관이라고 하면 떠오르는 모습과는 정반대로 화려했기 때문이다.

"보통은 죽음을 진지하게 받아들이잖아요. 장례식도 엄숙하게 치르고요. 관은 다 장식 없는 기다란 검은색 상자인 줄로만 알았는데…."

"우리는 죽음을 심각하게 생각하지 않아. 오히려 축제처럼 즐겨."

난서는 점점 더 이해하기 힘들었다. 자동차와 운동화, 휴대폰처럼 평범하지 않은 관의 모습부터 장례가 축제라는 말까지 도무지 받아들일 수 없었다. 윌마는 그럴 줄 알았다는 듯이 큰 소리로 웃었다.

가나에서 장례식은 무거운 행사가 아니다. 장례식에 참석하는 사람들이 흰색의 멋진 옷을 입어서 결혼식처럼 보이기도 한다. 장례식을 하는 동안 노래를 부르고 심지어 춤을 추기도 한다.

"죽음이 기쁜 일은 아니잖아요?"

난서가 못마땅한 목소리로 물었다.

"맞아. 기쁜 일은 아니지. 그렇지만 슬픈 일도 아니지."

월마는 가나 사람들은 대부분 기독교를 믿고, 기독교에서는 죽은 뒤에 영원히 산다고 가르치기에 당장 죽었다고 해서 모든 것이 끝난다고 생각하지 않는다고 했다. 또 천국에서 다시 만날 것이니 슬퍼할 일이 아니라고도 했다.

난서는 조금은 알 것 같았다. 그러자 월마는 어떤 모양으로 관을 만들었는지 궁금해졌다.

"나는 어릴 때부터 물고기를 좋아했거든."

"설마 그럼?"

월마는 웃으며 고개를 끄덕였다. 난서는 괴상하다는 생각이 바로 들었으나 물고기 모양의 관을 상상하니 웃음이 나왔다. 만약 내 마음대로 관을 만들 수 있다면 어떤 관을 만들까? 난서는 잠깐이지만 좋아하는 것들을 생각하다 보니 설레었다. 월마가 말한 죽음의 의미가 언뜻 와닿았다.

가나의 장례식은 돈이 많이 든다. 가나에서는 죽으면 모두 천국으로 간다고 믿기에 장례를 축제처럼 치르기 때문이다. 장례식을 위해 많은 사람을 초청하고 그만큼의 음식을 준비해야 하며 장례식 분위기를 흥겹게 해줄 댄서와 밴드 등을 부른다.

그래서 가나에서는 사람이 죽으면 곧바로 장례를 치르지 않고, 중요한 가족이나 친척이 모두 참석할 수 있도록 며칠에서 몇 년까지 시신을 냉동실에 보관하기도 한다. 이렇게 시신을 냉동 보관하는 데에도 많은 비용이 든다.

월마는 난서에게 가나의 다양한 문화와 풍습을 알려 주었다. 그 가운데 재미있는 사실은 가나 사람들도 우리나라처럼 매운맛을 좋아한다는 것이다. 한국의 고추장과 비슷한 시토라는 붉은색 소소를 아주 좋아한다고 했다. 난서는 월마와 함께 매운 떡볶이를 먹는 상상을 했다.

또 가나 사람들은 음악을 아주 좋아한다고 했다. 난서는 월마가 늘 유쾌한 이유를 알 듯했다. 매운맛과 음악을 좋아하고 죽음조차 축제로 여긴다면 우울하기도 어려울 듯했다.

난서는 월마와 함께 가나 곳곳을 돌아다니며 즐겁게 시간을 보내고 유령클럽으로 돌아왔다. 여행이 끝나고 방으로 돌아와 시계를 보니 0시 1분을 가리키고 있었다.

침대에 누워 잠을 청했으나 난서는 계속 뒤척였다. 며칠 후 지난번처럼 유령클럽에서 발표를 하기로 한 것이다. 이번에는 죽음에 관한 문화가 주제였다.

다른 생각으로도 마음이 복잡했다. 가나 여행에서 돌아온 윌마가 유령클럽이 문을 닫는다고 알려 주었기 때문이다. 유령들의 뼈를 찾아 14번의 여행을 했으나 여전히 아쉬움이 남았다. 윌마는 곧 다시 문을 열 것이라고 했지만 언제가 될지 몰랐다.

난서는 윌마의 유쾌한 웃음소리와 고향을 찾고 기뻐하던 유령들의 표정을 잊지 못할 듯했다. 그렇기에 더욱 유령클럽에서 마지막이 될지 모르는 발표를 위해 최선을 다할 생각이었다.

죽음에 대처하는 인류의 자세

난서는 유령클럽에서 또 한 번의 발표를 부탁받았다. 죽음과 관련 있는 문화를 조사해 유령들에게 알려 달라는 것이었다. 난서는 지난번 발표에서 긴장한 것이 떠올라 손사래를 치며 거절했으나 윌마는 다정하게 말했다.

"저번에도 잘 해냈잖아. 이번에도 잘할 거야. 그리고 유령들과 세계를 여행하며 배우고 느낀 것도 많잖아?"

난서도 죽음에 대해 더 깊이 알아보고 싶었기에 못 이기는 척 제안을 받아들였다. 발표를 준비하며 책과 인터넷 자료를 찾아보았고 이해되지 않는 것은 주변 어른들에게 물었다.

"혹시 학교에서 무슨 일 있니?"

처음에 부모님은 난서가 죽음에 관해 묻자 걱정스러움을 내비쳤다. 하지만 난서의 진지한 태도에 발표 준비를 도와주었다. 가족이 모여서 자료를 정리하기도 하고, 대화를 나누면서 그동안 몰랐던 서로의 마음을 알게 되었다.

그리고 지금 난서는 '죽음을 둘러싼 문화와 죽음에 대처하는 인류의 자세'라는 제목으로 발표하기 위해 유령클럽에 들어섰다.

"제목이 길지만 멋진데. 아주 흥미로워."

한 나이 든 유령이 난서가 나눠 준 자료를 보면서 말했다. 다른 유령도 고개를 끄덕였다. 얼마 후 넓은 공간이 유령들로 가득 찼다. 웅성거리던 유령들은 난서가 앞으로 나오자 조용해졌다.

🕱 종교에서 비롯된 장례 문화

"인류는 오랫동안 죽음이 무엇인지 고민해 왔어요. 그 가운데 가장 큰 목소리를 내는 것이 종교예요. 예부터 종교는 죽음에 깊은 관심을 기울였고, 죽음 이후에 관해서도 설명해 왔거든요. 많은 장례가 종교의 방식에 따라 치러져 온 것도 이 때문이죠.

요즘 한국에서 가장 흔한 장례 방법인 화장은 불교에서 유래했어요. 불교에서는 죽은 사람의 몸을 불에 태워 깨끗하게 정화한다고 생각하거든요."

불교에 영향을 미친 인도의 힌두교에서도 화장을 선호한다. 다만 7세 이하의 어린이, 임신한 여자, 뱀에 물린 사람, 힌두교 수행자는 화장하지 않고 수장한다.

"불교와 달리 기독교, 이슬람교, 유대교 등에서는 죽은 사람의 몸을 소중하게 여겨 화장이 아닌 매장을 주로 해왔어요. 몸을 있는 그대로 보존해야 한다고 믿기 때문이에요. 유교에서는 부모가 준 신체를 함부로 할 수 없다는 이유로 매장을 선택했고요."

유대인은 누군가 세상을 떠나면 최대한 빨리 장례를 치르고 땅에 묻는다. 특별한 이유가 없다면 바로 그날이나 다음 날에 묻어야 한다. 장례식에서 유족은 전통에 따라 옷을 조금 찢는다. 그리고 거울은 보자기나 천으로 가리는데, 이는 몸이 사라지는 모습을 거울로 보면 안 된다는 생각에서 비롯되었다.

"오늘날 교통이 발달하고 사람들이 자유롭게 오가면서 서로 다른 장례 문화로 갈등이 생기기도 해요. 예를 들면 대부분 화장을 하는 일본에 사는 이슬람교 신자는 죽은 사람을 매장할 땅을 찾기가 힘들다고 해요. 화장을 금지하고 24시간 안에 매장해야 하는 이슬람교 전통과 일본의 현실이 부딪힐 수밖에 없죠."

난서의 말이 끝나자 곧바로 한 유령이 손을 들었다.

"그럼 어떻게 해요?"

"사람이 드문 곳에 땅을 사서 묘지를 만들기도 하는데 그것도 쉽지 않다고 해요. 종교가 다른 사람들이 한곳에 모여 살게 되면 앞으로 이런 일이 일본뿐만 아니라 세계 곳곳에서 생길 수도 있어요."

"앞으로는 죽는 일도 쉽지 않겠어."

누군가 나지막한 소리로 중얼거렸다.

🕸️ 한국의 장례는 어떻게 변했을까?

"한국은 고대에는 풍장이나 순장을 했고, 삼국 시대에 불교가 전해진 이후 고려 때까지 화장을 많이 했어요. 조선 시대부터 유학이 힘을 얻으면서 주로 매장을 해왔고요. 현재에 와서는 무덤을 만들 땅이 부족하고 비용 문제 때문에 종교가 무엇이든 대부분 화장을 하는 추세예요.

한국에서 가장 오래된 장례 흔적은 '흥수아이'라고 부르는 구석기 시대의 화석인류예요. 흥수아이는 처음 발견한 사람의 이름을 딴 것인데요. 4만 년 전쯤에 살았을 것으로 보고, 당시 나이는 5~6살에 키는 110~120센티미터였을 것으로 추정해요. 홍수아이가 처음 발굴될 때 국화꽃 화석이 발견되었는데, 선사 시대의 장례 풍습을 보여 주는 증거로 평가받아요. 그러니까 현재 한국에 남아 있는 가장 오래된 장례 흔적인 셈이죠.

한국에서 죽음의 의미와 장례 방법을 조사하면서 흥미로웠던 것은 무덤을 부르는 이름이 다르다는 것이었어요."

'능'은 왕과 왕비의 무덤을 가리킨다. 다른 왕족의 무덤은 '묘'라고 부른다. '총'은 죽은 사람이 왕은 맞지만 정확히 누구인지는 모르는 무덤이다. 따라서 왕의 이름 대신 발굴된 유품인 금관이나 천마 등을 따서 금관총이나 천마총이라고 부른다. '분'은 일반적인 무덤을 말하기도 하고, 세밀하게 분류하자면 신분이나 지위가 높지만 역시 이름을 알 수 없는 사람의 무덤을 가리키기도 한다.

"조선의 왕릉은 북한에 있는 2개를 포함해 42개가 남아 있어요. 그 가운데 한국에 있는 왕릉 40개가 유네스코 세계유산으로 등재되었어요. 한국인의 고유한 자연관과 유교 문화를 토대로 만들어진 독보적인 무덤으로 평가받고 있고요."

💀 인구가 늘면 죽음도 늘어난다

"죽음에 관한 문화를 알기 위해서는 먼저 살펴볼 것들이 있어요. 우리가 살아가는 사회와 우리가 누리며 사는 문화예요. 죽음을 알려면 삶을 먼저 알아야 하니까요. 먼저 인구부터 살펴볼까요?"

실시간 세계 통계 사이트인 월드미터(Worldometer)에 따르면 2022년 11월 15일 세계 인구가 80억 명을 돌파했다. 농경이 시작된 기원전 8000년에는 인구가 약 532만 명이었다. 기원전 1000년에는 1억여 명에 이르렀고, 1800년대 산업혁명 이전에는 5억 명 정도였다. 불과 200년 사이에 인구수가 무려 16배나 증가한 것이다. 인구는 지금도 계속 늘어나고 있다.

"태어나는 사람이 많아지면서 그만큼 죽는 사람도 많아지고 있어요. 인간의 수명이 길어지고 있다지만 영원히 살 수는 없잖아요? 오늘날 인구가 늘어나고 죽음도 늘어나면서 죽음을 바라보는 사람들의 생각도 바뀌었어요.

예전에는 마을에서 노인 한 명이 죽으면 도서관 하나가 사라지는 것과 같다고 했어요. 그 정도로 죽음이 지닌 무게가 무거웠죠. 그러나 현대에 들어서는 죽음의 무게가 크게 가벼워졌어요.

요즘은 나이와 상관없이 즐기는 게임과 영화, 웹툰 등에서 쉽게 죽음을 만날 수 있어요. 이러한 가상 상황에서 한꺼번에 여러 사람이 죽기도 하고, 심지어 게임에서 이기기 위해 많은 사람을 죽여야 할 때도 있어요.

코로나19 같은 감염병을 비롯한 홍수나 지진처럼 세계를 덮치는 대재앙으로도 많은 사람이 목숨을 잃고, 사회적 참사로 갑작스럽게 죽음을 맞는 사람들도 무척 많아요. 이렇게 살아 있는 사람들 주변에 죽음이 흔해졌기에 죽음을 대하는 자세도 달라졌어요."

"죽음은 여기도 많아. 많아도 아주 많지. 하하."

앞줄에 앉은 유령의 농담에 모두가 크게 웃었다.

"이렇게 죽음에 익숙해지면서 최근에는 장례도 간소화되고 있어요. 옛날에는 알고 지내던 사람들이 서로 도와 함께 장례를 치렀다면, 이제는 상조 회사가 돈을 받고 알아서 장례를 진행해 주는 일이 흔해요.

다시 말해 오늘날 죽음은 가벼워지고 장례는 점점 편리한 쪽으로 바뀌고 있어요. 이상으로 발표를 마치겠습니다."

죽음을 잊지 마세요

죽음은 인류가 지구에 나타난 이후 오랜 시간 고민해 온 중요한 문제예요. 왜 죽어야 하는지, 죽으면 어디로 가는지, 죽음을 어떻게 다루어야 하는지 등 죽음을 생각하면 떠오르는 대표적인 물음들이 있지요.

물음에 대한 다양한 대답이 우리 앞에 놓여 있어요. 겨울이 지나면 봄이 오는 것처럼 죽으면 다시 태어난다는 윤회 사상부터 죽은 뒤에 천국이나 지옥과 같은 다른 세상이 존재한다는 믿음에 이르기까지 우리가 흔히 알고 있는 종교적 주장이 있고요. 인간이라면 누구나 죽는다는 과학적 사실도 빠질 수 없지요.

여러 물음 가운데 죽음을 어떻게 다루어야 하는지에 대한 대답이 바로 장례예요. 죽은 사람의 몸을 처리하는 방법이 장례이지요. 장례에서 가장 중요한 것은 시신을 살아 있는 사람들의 일상에서 분리하고 사라지게 하는 거예요. 삶과 죽음은 동시에 존재할 수 없으니까요. 영화에나 나오는 좀비가 바로 삶과 죽음

사이에 걸쳐 있는 존재예요. 실제로 좀비가 산 사람이 사는 세상을 돌아다녀서는 안 되겠죠?

이처럼 장례의 핵심은 두 가지로, 분리하기와 사라지게 하기예요. 두 단계를 거쳐 우리 삶에서 죽음을 밀어내는 거예요. 이를 세상에 선언하고 인정받고자 하는 것이 장례식이라는 의례예요. 장례라는 절차를 통해 죽음이 사라졌음을 확실히 하는 것이지요. 죽은 사람이 좀비가 되어 돌아올 수 없도록 말이에요. 장례에 대한 이런 생각은 영혼이 없다고 믿는 과학뿐만 아니라 죽음 이후의 세상을 이야기하는 종교도 다르지 않아요.

유령의 존재를 믿는 난서가 유령클럽에 모인 유령들과 뼈를 찾기 위한 여행을 했어요. 여행의 목적은 세계 곳곳의 장례 모습을 살펴보는 것이었지요. 난서의 시선을 따라가며 우리는 세상이 넓은 만큼 다양한 장례 문화와 풍습이 있고, 죽음에 대한 인식도 저마다 다르다는 걸 알았어요.

책을 끝까지 읽었다면 이미 눈치챘을 거예요. 죽음은 우리가 흔히 아는 것처럼 무섭고 불행한 일만은 아니에요. 어느 나라에서는 영혼들과 어울려 축제를 벌이기도 하고, 죽음을 다음 세상으로 가는 다리와 같다고 생각하기도 하니까요.

앞으로도 죽음은 계속될 거예요. 인류는 끊임없이 죽음에 대해 묻고 서로 다른 답을 내놓을 거고요. 오늘날은 인구가 늘어나면서 그만큼 죽음도 늘어났고, 그 때문에 죽음에 대한 생각도 예전과 달라졌어요. 난서와 유령들의 여행에서 엿보았듯이 새로운 장례 방법도 생겨나고 있고요.

단 하나, 변하지 않았고 앞으로도 변하지 않을 것이 있어요. 우리 모두 언젠가 죽는다는 사실이에요(어쩌면 여러분도 훗날 유령 클럽에 가입할지도 모르죠). 결국 중요한 것은 언젠가 찾아올 죽음을 어떻게 바라보고 마주할지가 아닐까요? 그것을 위해 죽음을 결코 잊으면 안 돼요.

다른 인스타그램

뉴스레터 구독

지식 + 소설 01

0시의 인류학 탐험
유령클럽과 14번의 장례 체험

초판 1쇄	2025년 2월 3일
지은이	이경덕
펴낸이	김한청
기획편집	원경은 차언조 양선화 양희우 유자영
마케팅	정원식 이진범
디자인	이성아 황보유진
운영	설채린

펴낸곳 도서출판 다른
출판등록 2004년 9월 2일 제2013-000194호
주소 서울시 마포구 동교로 27길 3-10 희경빌딩 4층
전화 02-3143-6478 **팩스** 02-3143-6479 **이메일** khc15968@hanmail.net
블로그 blog.naver.com/darun_pub **인스타그램** @darunpublishers

ISBN 979-11-5633-660-0 43300

다른 생각이
다른 세상을 만듭니다